E. CAIS DE PIERLAS

LE
FIEF DE CHÂTEAUNEUF

DANS LES ALPES MARITIMES

DU XIᵉ AU XVᵉ SIÈCLE

ÉTUDE FÉODALE ET GÉNÉALOGIQUE

TURIN

IMPRIMERIE ROYALE DE J. B. PARAVIA ET C.

(Fils de I. Vigliardi-Paravia)

1892

E. CAIS DI PIERLAS

LE
FIEF DE CHÂTEAUNEUF

DANS LES ALPES MARITIMES

DU XIE AU XVE SIÈCLE

ÉTUDE FÉODALE ET GÉNÉALOGIQUE

TURIN

IMPRIMERIE ROYALE DE J. B. PARAVIA ET C.

(Fils de I. Vigliardi)

1892

Estratto dalla *Miscellanea di Storia Italiana*, S. II, XIV (XXIX), 293

I.

Châteauneuf donné à l'abbaye de Saint Pons. — Les premiers seigneurs de Châteauneuf. — Leur donation de Villevieille à l'évêque de Nice. — Conflit entre l'abbaye et l'évêché. — Premier prieur capitulaire.

Le plus ancien document qui se rapporte à Châteauneuf se trouve parmi les actes de Saint-Pons. En 1030 l'évêque de Nice, Pons frère de Miron, qui en 1057 est qualifié la première fois de vicomte de Sisteron [1], donna à notre grande abbaye le village de Châteauneuf et deux hameaux qui en dépendaient, Ramorian [2] et Bendéjun [3].

La donation est formulée de la manière suivante: *Dono illo oppido que nominatur Castellonovo, cum omnibus ad eum pertinentibus, cum territoriis suis in girum preordinatis, cum villa que nominatur Sassaframarico et alia que nominatur Bendeiuno* [4]. Parmi les fir-

---

(1) Cfr. Cais de Pierlas, *Le XI⁰ siècle dans les Alpes Maritimes*, p. 38. Extr. des *Memorie della Reale Accademia delle Scienze di Torino*, S. II, Tom. XXXIX.

(2) Ce hameau porte encore sa vieille appellation. Les noms de *Pierre* et *Pons de Jun*, que nous avons trouvés dans le Cartulaire de la Cathédrale de Nice, nous ont déjà suggéré l'idée que l'étymologie de Bendéjun ne doit pas se chercher dans celle admise de *bonae deae Iunonis*, mais plutôt dans l'expression, en langue romane de *ben de Jun*: ce hameau devait être un domaine de la famille de *Jun*.

(3) Nous croyons ainsi interpréter le nom de Sassaframarico donné par Gioffredo. Le ms. du Cartulaire de Saint-Pons, que nous publierons prochainement, a une lecture différente, soit *Sala Framarico*: comme ce ms. est assez incorrect on pourrait supposer *Salas Ramarico*, soit les *salles*, le *manoir* de *Ramorian*, nom d'un hameau de Châteauneuf en amont de Bendéjun; on sait combien dans certaines écritures les lettres *s* et *f* se confondent: dans plusieurs villages des Alpes Maritimes le manoir seigneurial s'appelait *las salas*.

(4) Gioffredo, *Storia delle Alpi Marittime*, vol. 1, 615.

395

mataires *Milo* et *domna Odila*, frère et mère de l'évêque. Il se trouve dans la charte les paroles *aliquid ex meo*, qui indiquent que Châteauneuf appartenait en propre au donateur et sans doute comme héritage paternel. Les expressions dont on se sert de *oppidum*, de ses dépendances, des territoires qui l'entourent et de deux hameaux, particulièrement spécifiés parce qu'ils en sont détachés, prouvent bien qu'il ne s'agit pas seulement de quelques droits, mais de la juridiction entière sur ce village.

Malgré cette donation en bonne forme, peut-être le monastère de Saint-Pons n'eut pas longtemps la jouissance de cette possession.

La mort de Rodolphe roi de Bourgogne, arrivée en 1032, permit aux grands vassaux de Provence d'abuser de leur pouvoir et de s'emparer à leur gré des biens des monastères qui pouvaient leur convenir. Nous en avons une preuve générale dans les chartes mêmes des Alpes Maritimes, dans lesquelles nous voyons les principaux seigneurs de la contrée restituer aux monastères, presque sous forme de donation, les domaines qui jadis leur avaient appartenus, peut-être en retenant pour leur compte ce qui faisait mieux leur convenance [1]. En effet, près d'un siècle après la donation primordiale de Châteuneuf à l'abbaye de Saint-Pons, soit en 1109, nous trouvons ce village en possession d'autres seigneurs.

Ils sont qualifiés de fils de *quondam Petri Isnardi* et portent les noms de *Isnardus, Guilielmo Talona, Petrus Autrigo, Raimundus* [2].

Ces quatre frères, sans faire la moindre allusion aux droits de l'abbaye, donnèrent au chapitre de Nice *totum illud quod ad presens attinet ecclesie que vocatur de Villa vetere vel amodo per quodlibet ingenium ad eam supradictam ecclesiam adquiri vel adiungi poterit.*

Comme on le remarquera, cette donation est beaucoup plus restreinte que la précédente et ne comprend que l'église, ou du moins les dépendances que l'église avait alors autour d'elle: l'expression n'est

---

(1) Cfr. *Le XIe siècle dans les A. M.*, p. 19, 27, 46, 60, etc.
(2) CAIS DE PIERLAS, *Cartulaire de l'ancienne Cathédrale de Nice*, 3.

pas à la vérité très précise, mais il en résulte clairement que la juridiction de toute la terre n'était pas cédée à la cathédrale, les seigneurs se la réservaient ; ils devinrent en effet la souche des seigneurs de Châteauneuf qui se partagèrent le fief par les subdivisions successives que nous étudierons.

Les chartes de la cathédrale démontrent que pendant une partie du xiie siècle il y eut une lutte continuelle entre l'évêque et le monastère sur bien des points : probablement les droits sur Châteauneuf furent une des causes du conflit. Le fait est que l'église de ce village dut pendant un certain temps, à partir de 1109, appartenir exclusivement à l'évêque de Nice ; deux bulles des papes Honorius et Innocent, en 1129 et 1136, lui confirment, parmi d'autres églises, *ecclesiam sancte Marie Villeveteris* [1]. En 1137 Pierre évêque de Nice, en établissant une dotation pour son chapitre, lui cède *ecclesiam Villeveteris cum omnibus apenditiis* [2].

À cette époque pourtant l'abbaye de Saint-Pons doit avoir élevé des prétentions sur Châteauneuf, car le 15 juin 1143 l'évêque de Nice et ses chanoines, sur injonction de l'archevêque d'Embrun, acceptèrent un plaid en faisant un concordat avec le prieur, à défaut de l'abbé qui venait de mourir, par lequel les moines renoncèrent à leurs droits sur Villevieille : *Monachi autem reliqunt episcopo et canonicis. . . . ecclesiam de Villa vetula. . . . . sine querela* [3]. Aussi trouvons-nous de nouveau en 1144 une bulle du pape Luce qui confirme Villevieille à l'évêque de Nice [4].

Celui-ci cependant, malgré qu'il eût peu d'années auparavant accordé cette église aux chanoines, en retenait les profits : en 1148, étant gravement malade, il en fit amende honorable et, avouant sa faute, il la restitua définitivement au chapitre, qui en prit possession [5].

---

(1) *Cart. Cath. de Nice*, 69, 70.
(2) Ibid., 2.
(3) Ibid., 53.
(4) Ibid., 71.
(5) Ibid., 4.

Dans la suite l'évêque Arnaud fut à son tour en conflit avec le chapitre pour la division des rentes; en 1159 il transigea et nous voyons mentionné, *ecclesiam Villeveteris cum honore suo*, *ecclesiam Castrinovi cum redditibus suis, quam ipse dedit eis* [1].

C'est vers ce temps-là qu'a été dressée et inscrite dans le cartulaire de la cathédrale la note des villages payant service au chapitre: parmi ceux-ci se trouvent registrés: *Comtes et Castelnou* VI *denarios* [2].

On pourrait croire qu'après la transaction passée entre l'abbaye et le chapitre, il ne dut plus avoir lieu à discussion, mais on apprend au contraire qu'un siècle plus tard les difficultés n'étaient pas entièrement aplanies.

Les abbés de Saint-Pons avaient dû agir avec beaucoup d'opiniâtreté et de succès auprès du Saint-Siège, puisque la bulle d'Innocent IV, du 23 juin 1247, en confirmant à l'abbaye ses anciens privilèges et les nombreuses églises qu'elle possédait dans différents diocèses, énumère catégoriquement l'église de Villevieille et ses dépendances [3].

Le chapitre, de son côté, ne s'était pas soumis, car nous avons découvert un acte du 3 janvier 1248, Guillaume Terii notaire, par lequel les moines de Saint-Pons, réunis en chapitre, donnent autorisation et procuration à Barthélemy leur abbé pour continuer le procès qui jadis avait été commencé, par-devant le feu évêque de Vintimille délégué apostolique, au sujet des églises de Sainte-Marie de Villevieille, de Sainte-Marie de Beaulieu, de Saint-Jean des Fosses et de Sainte-Réparate [4].

L'église de Châteauneuf fut alors définitivement adjugée au chapitre, et nous ne trouvons plus aucun acte où il soit question d'elle à l'égard de Saint-Pons.

À la fin du XVe siècle l'église de Villevieille fut réunie plus étroitement au chapitre par bref papal du 1^r février 1487: les chanoines

---

(1) *Cart. Cath. de Nice*, 86.
(2) Ibid., 37.
(3) JOFREDI, *Nicea Civitas*, p. 214.
(4) *Cartularium Abbatiae S. Pontii*. Nous nous proposons de publier très prochainement ce cartulaire.

avaient exposé, *quod si prioratus beate Marie de Villaveteri, dicti ordinis Niciensis diocesis, prefate mense perpetuo uniretur.....* *prefati canonici commodius se sustentare ac onera predicta facilius perferre valerent et in dicta ecclesia unum alium canonicum supranumerarium instituerent, qui apud illam continue personaliter resideret.* On exposait que les rentes de l'église se montaient à la somme de 40 livres de Tours de petit poids.

A la suite de cette disposition du Saint-Siège, le recteur de l'église de Villevieille, Jean Laugier, renonça à ses droits en faveur du chapitre, qui en prit possession le jeudi 22 mai 1488 ; il ne put cependant pas en conserver la jouissance, car des empêchements de toute sorte furent soulevés par Jean de Foresta [1] protonotaire apostolique du diocèse de Belley, nommé prieur de Villevieille par lettres du duc de Savoie. Il y eut recours au Saint-Siège et décision favorable au chapitre, par sentence de Clément De Albertis archidiacre de Vence, juge délégué. Les chanoines se réunirent en chapitre et, sur la recommandation du duc de Savoie manifestée par Jean Flotte et Bertrand Riquieri délégués par la cour à cette fonction et représentants du candidat on fit l'élection du chanoine surnuméraire en personne de **Jean Ranguis** chantre de la chapelle ducale, avec les formalités d'usage [2]: le chanoine Canestreri les fit asseoir puis .... *ad chorum dicte ecclesie se transferens, stalum in ipso choro eis assignavit, ipsos in septima cathedra seu stalo, a parte introitus ipsius chori, sedere faciendo ; et deinde, continuando huiusmodi executionem, accedens ad reffectorium dicti capituli locum in mensa capitulari assignavit, videlicet post locum dicti Mathei Laugerii, in illo eos sedere faciendo ;* il leur donna ensuite *unum testonum argenti*, en signe d'investiture.

Cela le 14 octobre 1489: acte rédigé par le notaire Jérôme Alberti [3].

---

(1) Fils de Hugues de Foresta gouverneur de Nice. Archives Capitulaires.

(2) Il n'est point fait mention dans cet acte de la nomination faite directement par le Saint-Siège, le 5 juillet 1489, de Laurent Graglieri, *de nobili genere ex viro parente procreatus,* nommé au prieuré de Villevieille par lettres de Constantin évêque de Spoleto, vicaire général du cardinal Julien légat du Saint-Siège à Avignon. (*Liber Niger,* fᵒ 25, anc. numér.).

(3) Arch. Capit. *Liber Niger Cathedralis Nicensis,* fᵒ 17, anc. numér.

II.

Origine des premiers seigneurs de Châteauneuf. — Les seigneurs de Dromon. — Ceux de Mison, ceux de Volone, tige de Châteauneuf.

Les seigneurs de Châteauneuf en 1109 étaient quatres frères, *Isnardus*, *Guillelmus Talona*, *Petrus Autrigus*, *Raymundus*. Ils étaient fils du *quondam Petri Isnardi*.

Comme nous l'avons indiqué en peu de mots dans un de nos précédents ouvrages [1], ils devaient tirer leur origine de la famille des coseigneurs de Dromon et plus spécialement de la branche dite de Volone.

Nous avons dit plus haut que Châteauneuf pouvait être parvenue à cette famille par usurpation sur l'abbaye de Saint-Pons, usurpation peut-être exercée par une des grandes familles féodales des Alpes Maritimes, qui ensuite en aura fait profiter celle de Dromon ; on pourrait aussi faire la supposition qu'un mariage entre un des seigneurs de Dromon et une des filles des vicomtes de Nice aie porté ce fief dans leur famille.

Si cette famille de Châteauneuf était bien une branche des coseigneurs de Dromon, elle pouvait marcher de pair avec les familles vicomtales et féodales que nous trouvons à Nice à cette date.

Les coseigneurs de Dromon paraissent y former une espèce de tribu Arabe ou Sarrasine [2], dans laquelle se trouvent répétés à chaque

---

(1) *Le XI° siècle dans les A. M.*, p. 79-80.

(2) On pourrait faire la supposition qu'ils descendissent des Sarrasins établis dans la région et convertis au christianisme, ou des soldats Grecs arrivés sur les plages de la Provence sur les legers navires de course, qui dès l'époque de Justinien s'appelaient *Dromons* (JAL, *Archit. navale*, I, 434). Mathieu Paris raconte que le 8 juin 1192 le roi Richard, faisant route de l'île de Chîpre aux côtes de Palestine, rencontra un navire de ceux que les Sarrasins appellent *Dromons* (*Hist. maior*, p. 163). Les noms des villages

instant les mêmes prénoms d'une façon particulièrement remarquable. Trois familles spécialement paraissent être de la même souche, ce sont les seigneurs de Mison, ceux de Niozelle, ceux de Volone. Les premiers surtout devaient descendre ou être proches parents d'un Datilus, dont le frère Ricard, clerc, le 19 avril 998, fit à l'abbaye de Cluny une notable largesse, en dotant l'église de Saint-André de Rosans [1] et en la soumettant à l'abbaye. Il s'agit de la moitié du château de Mison, comté de Gap, du village attenant à l'église de Saint-André, du château de *Rizonem* [2], de la moitié de l'église de Saint-Gilles, et de la moitié des villages de *Rosans*, de *Sorbaria* [3], de *Gema*, de *Rusca*, de *Moraria*, du quart du village de *Capadicis*, le tout, paraît-il, dans le Rosannais; en plus de six manses au territoire de *Malaucène*, comté de Vaison; de la moitié des villages de *Blannatis*, de *Spina* [3] et de la forêt de *Cassania*, aussi dans le Rosannais [5]. Pour le château de Mison il y a les expressions: *post meum quoque discessum dono prelibate ecclesie, in iam dicto comitatu Vuapicensi, medietatem castri Misonis, cum omnibus que ipsi medietati pertinere videntur.* On le voit, les possessions de ces deux frères étaient fort étendues.

Nous trouvons encore ensemble ces deux noms de Ricard et de Datil parmi les coseigneurs de Dromon vers 1030-1035 [6].

Les seigneurs de Mison jouirent de beaucoup de crédit auprès

---

de *Roquemaure* (dep* du Gard) et de *Rochemaure* (dep* de l'Ardèche) situés sur le parcours du Rhône, celui de la *Drôme* son affluent, ainsi que des villages de *Montmaur* en Diois et de *Valdrome*, situé sur le versant opposé à la vallée du Buech, qui débouche dans la Durance en face de *Dromon*, paraissent autant de jalons de la marche d'une invasion Sarrasine. On sait d'autre part que sous Charles Martel les Arabes s'établirent dans le midi de la France, y formant des établissements et des alliances, et qu'ils y furent protégés par le clergé qui préférait leur domination à celle des guerriers Germains (SÉDILLOT, *Hist. des Arabes*, 2, 204).

(1) Le haut domaine de Rosans appartint d'abord à la famille de Mévouillon qui la céda au Dauphin en 1317. Gaudemar (soit Waldemar) de Rosans en était seigneur en 1027 (J. Roman, *Tableau historique des H*** Alpes*, p 153). Cfr. avec Waldemar, frere d'Isoard de Mison.

(2) Une part de la seigneurie de *Saint-André de Rosans* dépendait du château fort de la *Beaume-Rison* (ibid., p. 154). C'était aussi une dépendance des seigneurs de Mévouillon.

(3) *Sorbiers*, à l'est de Saint-André de Rosans: dépendance de Mévouillon.

(4) L'*Epine*, au nord de Sorbiers.

(5) *Cart. de Cluny*, n. 1784, Cfr. ibid. n. 2529.

(6) *Cart. de St-Victor*, 713, 714.

des comtes de Provence : c'est grâce à l'intervention de Pierre de
Mison et de l'archevêque d'Embrun, Ismidon, qu'en 1044 la paix
fut signée entre le comte Guillaume Bertrand et Rodolphe évêque de
Gap, qui se partagèrent en deux parties cette ville et sa juridiction [1].

C'est ce même Pierre de Mison qui devint en 1045 vicomte
de Gap.

Nous noterons encore que Waldemar, oncle de Pierre, vers 1022,
donna au prieuré de Ganagobie l'église de *Sainte-Marie de Beaujeu* [2],
comté de Gap, avec deux manses et la moitié de la vallée de *Gar-
gatas* [3] sise au territoire de *Lunis* dans le comté de Die [4].

Telle étant la position féodale de la famille de Mison, ce n'est
pas étonnant que l'autre branche, celle de Volone, eût des possessions dans un autre comté, celui de Nice, qui avait tant de relations
avec ceux de Gap, de Die et de Vaison.

Plusieurs individus des coseigneurs de Dromon vinrent dans le
comté de Nice à la suite des vicomtes de Sisteron, à la juridiction
desquels ils étaient en partie soumis et peut-être aussi comme hommes
d'armes de la grande famille comtale des Alpes Maritimes, celle des
Castellane-Thorame.

Lorsqu'en 1057, Miron vicomte de Sisteron, frère de l'évêque Pons
possesseur de Châteauneuf, donnait à Saint-Victor l'église de St-Martin
de Contes (village limitrophe au précédent), nous voyons, parmi les
témoins, un *Petrus Autrigus* [5], probablement fils d'*Autrigus de
Volona* [6].

Ce dernier était frère d'*Isnardus de Volona*, dont nous faisons
descendre les quatre frères de Châteauneuf, un desquels, en 1109,

---

(1) *Bulletin de l'Académie Delphinale*, tom. 20, p. 359. *Deux chartes inédites du
XI* siècle*, par J. Roman. Grenoble, 1885.
(2) Petit fief du mandement de Ventavon, qui appartint à la famille d'Agout.
(3) Probablement *Jarjayes* dans la vallée du Jabron, près de Sisteron.
(4) *Cart. de Cluny*, n. 2771. Cfr. *Cart. de St-Victor*, n. 634.
(5) *Cart. de St-Victor*, 793.
(6) Ibid., 718.

porte exactement le même nom de *Petrus Autrigus* [1]. Ajoutons qu'à cette donation d'une église de Contes, outre *Petrus Autrigus*, a signé comme témoin, Isnard de Niozelle des coseigneurs de Dromon.

Ce même Isnard de Niozelle et son frère Guillaume, vers la même époque, avaient été présents à l'importante donation que le comte de Provence avait faite à St-Victor de l'église de Forcalquier : ils avaient signé a côté des vicomtes Miron et Rostaing et de Raimbald de Nice [2].

En examinant dans le cartulaire de St-Victor et dans notre mémoire sur le xie siècle les actes qui se rapportent à la famille de Dromon, on verra combien se répète le nom d'Isnard ainsi que celui de Geoffroi ; pareillement, si on jette un coup d'œil sur la table généalogique des seigneurs de Châteauneuf, on sera frappé de rencontrer le nom d'Isnard et celui de Geoffroi se renouvelant alternativement à chaque génération, avec une très grande régularité pendant plus de deux siècles, tandis que dans les autres grandes familles de Nice de cette époque ce phénomène ne se reproduit pas et nous trouvons très rarement le nom d'Isnard.

Le père des quatre seigneurs de Châteauneuf de 1109 s'appelait Pierre Isnard, soit Pierre fils d'Isnard : *filios quondam Petri Isnardi*.

Nous trouvons la même coïncidence parmi les seigneurs de Volone. En 1060 Pierre de Volone, fils d'Isnard et de Dalmacia, donne à St-Victor son corps, son âme, l'aleu qu'il possède à l'Escale et à Beaudun [3] ; par une autre charte, ayant la date du 16 mars 1064, il donne des biens à Volone, à Mandamnus, à Dromon : *ego Petrus de Volona, cuius pater Isnardus dictus est, mater vero Dalmacia vocabatur ;* à la fin de l'acte il signe *Petrus Isnardi* [4].

Ce Pierre Isnard ne dut pas avoir eu de descendance, car dans la première donation de 1060 il se sert, à propos des châteaux dont il donne sa part, de l'expression, *omnem meam hereditatem ;* il n'excepte que le douaire de sa femme Bellissime, qui après elle passera

---

[1] En 1159 nous verrons *Petrus Autrici*, devenu chanoine de Glandevès, accompagner à Nice son évêque. *Cart. Cath. de Nice*, 86.

[2] *Cart. de St-Victor*, 659.

[3] Ibid., 704.

[4] Ibid., 703.

ad heredes meos, videlicet dominum nostrum Jhesum Christum . . . . .
et congregationem predicti Massiliensis monasterii. Il parle au contraire d'un de ses neveux Isnard, *Isnardus nepos.*

Pierre Isnard ayant plusieurs frères [1], parmi lesquels Isnard et
Geoffroi, c'est à celui-ci que nous attribuons comme fils le neveu en
question.

Cet Isnard serait à son tour père du *Petrus Isnardi* de Châteauneuf.

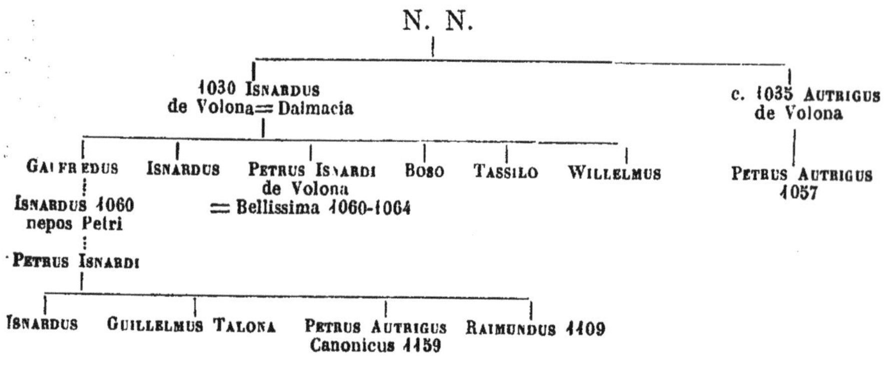

III.

Alliance des premiers seigneurs de Châteauneuf avec la famille d'Apt. —
Le fief de Tourrette. — Isnardus de Castronovo.

Les quatre frères de Châteauneuf devaient occuper dans la contrée
une position fort notable dès cette époque.

Guillaume Talon, le second, épousa *Poncia*, fille du vicomte de
Nice, Raimbald Laugier et de Rixende d'Apt. C'est par cette illustre

---

(1) Cfr. *Cart. de St-Victor*, 709, 713. Parmi les actes relatifs aux seigneurs de Volone, que nous fournit le cartulaire de St-Victor, un de 1171 (S. V. 1109) a pour témoin
Torcatus de Castronovo. La famille des Torcati existait à Nice ; en 1229 Guillaume T.
est parmi les rebelles du Cte de Provence, en 1230 Olivier T. est témoin ; en 1251 Geoffroi
T. jurisconsulte de Nice ; en 1318 et 1320 autre Geoffroi T. jurisconsulte, en 1326 il est
uge du comté de Vintimille ; en 1363 noble Hugues T. jurisconsulte du Puget-Théniers.

alliance que le fief de Tourrette passa dans une branche de la famille de Châteauneuf: Poncia et son frère Laugier en avaient reçu la moitié en 1113 par Laugier d'Apt, évêque de cette ville, qui la tenait lui-même en héritage de sa mère Gisla, fille de Raimbald de Nice [1].

L'histoire du passage de ce fief, de la famille de Nice à celle d'Agout, et ensuite de son retour partiel à celle de Nice et à celle de Châteauneuf, est tracée par plusieurs chartes inédites du Cartulaire d'Apt, que nous avons publiées il y a peu d'années.

Pour plus d'évidence nous indiquerons d'abord ici la charte par laquelle, vers 1113, Sanche, veuve de Raymond d'Apt seigneur d'Agout qui possédait une moitié de Tourrette, moitié, y dit-on, qui avait été, jusqu'alors possédée en fief par Raymond et Geoffroi Aicardi, la cède à son beau-frère Laugier d'Agout évêque d'Apt; celui-ci donne en échange le $^1/_4$ du château de Gordes [2].

Cette moitié de Tourrette, qui appartenait à la belle-sœur de l'évêque et qui est bien celle de Tourrette de Nice, puisqu'on y parle de la tenure des frères Aicardi, est pourtant indépendante de l'autre moitié possédée effectivement par l'évêque comme héritage maternel et qui fait l'objet d'une donation successive, car celui-ci y dit explicitement: *medietatem cuiusdam castri quod est situm in Niciensi episcopatu, quod vocatur Turritas, quod contigit mihi ex parte matris meae* [3]. Cette seconde charte nous apprend que l'évêque, voulant restituer à son église les châteaux de Saignon qui s'appelaient Crugère et Tourtemolle, y pourvut moyennant des échanges; il donnait à cet effet la moitié de Tourrette, que Raymond et Geoffroi Aicardi tenaient en fief, à Rixende, sa sœur, femme de Raimbald de Nice, ainsi qu'à leurs enfants, Laugier et Poncia mariée à Guillaume Talon, *et hoc dono uxori*

----

(1) Cfr. *Le XIe siècle dans les A. M.*, p. 72, 73. Rostaing d'Apt, père de Laugier, possédait vers 1060 Tourrette, comme apport dotal de sa femme, et il en donnait le quart à l'abbaye de Lérins (*Cart. de Lérins*, p. 157).

(2) *Le XIe siècle dans les A. M.*, doc. XXI. *Permutatio Gordae et Turritarum.*

(3) Ibid., doc. XIX. *Carta permutationis Turritarum et Sagnionis.*

Raibaldi et filiae suae uxori Willelmi Talonis ; il recevait de ceux-ci en échange le château sis au milieu de Saignon (qui se nommait Tourtemolle) et le tiers de l'autre ; car Saignon avait été donné en dot à Poncia, par sa mère et son frère ... *cui mater et frater suus supradictum castrum in dote dederunt ;* les Aicardi obtenaient en compensation le fief de Saignon qui releverait de l'évêché.

Les conditions de ce contrat sont à peu-près répétées dans l'acte par lequel l'évêque fait donation à son église des châteaux de Tourtemolle et Crugère ; il y énonce en effet que pour Tourtemolle il a donné à Rixende 400 sous et la moitié de Tourrette, *medietatem Turritarum meam quidem hereditatem et allodium*, et pour Crugère il a payé à Aldebert Garache (de la famille de Castellane-Thorame) 1300 sous de Melgoriens [1].

Ces échanges sont confirmés par Raimbald (fils de Laugier le Roux et d'Amantia de Castellane) mari de Rixende d'Agout en ce qui touche Tourtemolle ; il donne ce château à l'église d'Apt et l'évêque le lui concède en fief, *predictum castrum integre tibi laudo* [2].

Eldebert Garache et sa femme Sanche en font autant pour le château de Crugère ; l'évêque, *de suo proprio*, lui paie pour cela 1100 sous et 200 *valentes solidatas ;* il n'y a pas ici concession de fief en sa faveur, car on a vu qu'il l'avait donné aux Aicardi [3]. Ce n'est que plus tard, en 1122, que l'évêque donne en fief à Aldebert Garache le *Castrum de Sagnono quod dicitur Crugera* [4].

Le cartulaire n'a conservé que ce seul acte d'inféodation à Aldebert ; mais, si les dates posées dans ce recueil ne sont pas erronées, Aldebert devait avoir reçu ce fief avant cette année, puisque en 1120, ce même personnage, qualifié de fils de Dilecta, accorde la châtellénie de Crugère en fief à Rostaing d'Agout qui lui en prête serment [5].

Un peu plus tard, en 1130, Laugier donnait la Crugère en fief

---

(1) *Le XIe siècle dans les A. M.*, doc. XIV. *Donatio de Sagnione a Leodegario.*
(2) Ibid., doc. XV. *Carta Raiambaldi de Sagnone.*
(3) Ibid., doc. XX. *Venditio Aldeberti de Crugeria.*
(4) Ibid., doc. XII. *Feudum Aldeberti super Crugeria.*
(5) Ibid , doc. VIII. *Sacramentnm Adelbersi de Sagnone.*

à Guiran et Bertrand d'Agout fils de Raimbald, comme Rostaing d'Agout l'avait eu par Aldebert, qualifié dans cet acte de *Aldeberto de Mugulo* [1].

Cette digression sur le fief de Tourrette était nécessaire pour bien comprendre toute l'importance de Guillaume Talon et de sa famille, au moment où celle-ci paraît dans l'histoire comme possesseur de Châteauneuf.

Nous verrons que la lignée de Guillaume Talon s'éteignit un siècle après dans la famille Chabaud; c'est donc par cette entremise que celle-ci posséda, depuis un temps immémorial, ce fief de Tourrette qui portait au moyen-âge la dénomination de *Castrum Turritae Chabaudorum* [2].

Ces deux faits indéniables ont une grande importance pour l'histoire de Châteauneuf et serviront de point de départ pour prouver que les différentes branches qui portèrent le nom patronymique de *Castronovo* et presque toutes les familles qui eurent part au fief descendent, ou directement ou par les femmes, des quatre donateurs de Villevieille.

C'est en 1152 que nous trouvons, pour la première fois, un notable personnage de la famille portant le nom de son fief, *Isnardus de Castronovo* [3]. Il transige avec l'évêque Arnaud pour les dîmes de Rével qu'il lui cède: il mentionne aussi ses prétentions sur le *Campo Marcio* et reconnaît que ces droits le regardent comme provenance de son oncle maternel, *avunculus*.

Le domaine féodal du *Campus Marcius*, qui anciennement devait faire partie des droits régaliens, était devenu le partage des vicomtes

---

(1) *Le XIe siècle dans les A. M.*, doc. X. *Donatio de la Crugera.*

(2) Il est curieux d'observer que ce village, qui en dialecte local porte le nom de *Torretas*, soit *les Tourrettes*, est maintenant connu sous celui officiel de *Tourrette*, tandis qu'au moyen-âge il est appelé *Torretas, C. de Turretis, C. Turritarum.*

(3) *Cart. Cath. de Nice,* 31. Cfr. ibid., 96, 101.

de Nice et avait été le sujet de nombreuses contestations avec l'église; c'est à ce titre qu'on trouve parmi ses propriétaires Rostaing Raimbaldi en 1144 [1] et Laugier de Gréolières en 1152 [2]; ce dernier était neveu à la mode de Bretagne de l'autre, tous les deux descendaient du vicomte Rostaing.

Il est présumable que les descendants de Raimbald de Nice, frère du vicomte Rostaing que nous venons de nommer, dussent avoir en partage les mêmes droits sur un domaine aussi important; or, parmi les descendants de Raimbald de Nice se trouvent justement Laugier et Poncia sa sœur, épouse de Guillaume Talon seigneur de Villevieille; ainsi, lorsque Isnard de Châteauneuf parle des droits sur le *Campo Marcio* et il déclare qu'il les tient d'un oncle maternel, cet oncle doit être Laugier frère de sa mère. Isnard de Châteauneuf est donc incontestablement le fils de Guillaume Talon [3].

IV.

Première division féodale de Châteauneuf par tiers. — Acte de 1249. — Le troisième tiers. — Les familles Ricardi et Caras. — Une branche des Châteauneuf. — Les Châteauneuf d'Ascros.

Nous allons examiner à l'aide de nombreux documents comment les seigneurs de Châteauneuf, qui existaient en 1109, se partagèrent le fief de ce nom et de quelles familles il devinrent la tige.

Le premier acte à étudier est une division faite le 14 juin 1249 [4] par certains seigneurs de Châteauneuf pour les droits qu'ils avaient en commun sur le vieux four et sur les moulins du champ de Carron [5]. Les seigneurs copartageants sont *Milon Chabaudi, Pierre Richardi,*

---

(1) *Cart. Cath. de Nice,* 47.

(2) Ibid., 30.

(3) Dans l'acte de transaction de 1152 est indiqué un *Jordanus* comme beau-frère d'Isnard ; ce doit être Jourdan Riquieri qui aura épousé sans doute sa sœur.

(4) V. document n. I.

(5) Arch. Cam. *Titoli per feudi e ragioni d'acque,* vol. 7, fº 457. (Une seconde copie se trouve au fº 481). Cet acte rédigé par le not. R. Jordani, copié par le not. Ant. Guineri, assisté des not. Bart. Papachini ét George Museti, fut présenté le 20 sept. 14..

Foulque Caras père et *Foulquet* son fils, *Pierre* et *Isnard de Châteauneuf* frères, *Bertrand, Boniface, Bertrandet, Raymondet, Guillaumet de Châteaneuf* frères, ces trois derniers avec l'autorisation de Raybaud de Berre leur tuteur [1]. Cette division se fait par tiers, selon la part qu'ils ont à la seigneurie du fief.

Le 1er tiers appartient à *Bertrand* et *Boniface de Châteauneuf* et à leurs trois frères encore mineurs, *Bertrandet, Raymondet, Guillaumet.*

Le 2me tiers appartient à un seul seigneur, *Milon Chabaudi.*

Le 3me tiers appartient à *Pierre Richardi*, à *Pierre* et *Isnard de Châteauneuf*, ainsi qu'à *Foulque Caras* et à *Foulquet Caras* son fils [2].

Au premier tiers est attribué le vieux four avec ses servitudes d'accès; les habitants de Châteauneuf, à quelque seigneur qu'ils appartiennent, devront cuire leur pain à ce four en payant le droit du vingt-cinquième; celui qui ne le ferait pas paiera un double *fornagium*, plus une amende de 5 sous à son propre seigneur; les autres seigneurs auront l'usage du four.

Au second tiers échoit en partage et par indivis la moitié des moulins situés au champ de Carron [3] avec la moitié des terres, prises d'eau et canaux qui en dépendent.

Le dernier tiers en a l'autre moitié. Les habitants, à quelque seigneurie qu'ils appartiennent, devront moudre leur blé auxdits moulins en payant le droit du vingtième, avec la pénalité du double s'ils iront ailleurs, plus cinq sous d'amende au profit de leur seigneur direct. Les seigneurs qui posséderont lesdits moulins pourront en construire d'autres; en temps de guerre, si les moulins étaient détruits ou endommagés, les droits de fournage devront alors se partager parmi tous les coseigneurs, selon la quote-part de chacun.

Lud. Olivari juge de Nice par André Garneri jurisconsulte procureur des frères Jean et Jacques de Solaro seigneurs de Châteauneuf. Le not. Gavaudani de St-Maximin en fit une transcription postérieure dont est copiée celle des archives par le not. Marc Ant. Isnardi vers 1560.

(1) En 1271 Raybaud de Berre prête hommage pour les *affars* qu'il possède *in castro de Berra et de Thoetto et in Castronovo.* (*Arch. de Marseille*, B. 754).

(2) En 1271 Foulquet Caras prête hommage pour Châteauneuf (*Arch. de Marseille*, B, 754).

(3) On verra que Carron était le surnom de Jean Bermondi.

On comprendra facilement que cette division par tiers représente une division plus ancienne et primordiale, faite par les ancêtres directs de ces trois branches.

Cette division primordiale, que nous ne connaissons pas, doit remonter à un siècle en arrière et les souches des trois branches doivent être trois fils de *Petri Isnardi*. Le quatrième, *Pierre Autric*, nous le trouvons chanoine de Glandevès en 1159, assistant à Nice à la transaction arbitrale entre l'évêque et ses chanoines [1]; sa part sera échue aux trois autres frères qui auront partagé le fief de Châteauneuf en trois parts égales et qui de même les auront transmises ainsi à leurs descendants. Pour arriver de ces trois frères à leurs représentants, qui en 1249 se partagent les droits en question, il nous faut placer entre eux au moins trois générations [2]. Malheureusement les documents du xiie siècle sont très rares pour Nice, et les personnages qu'on désirerait connaître font en partie défaut.

Nous allons essayer d'éclaircir cette question principale et si importante pour notre étude.

En écartant le chanoine, les trois seigneurs qui se partagèrent d'abord Châteauneuf, sont donc Isnard, Guillaume Talon et Raymond.

Le troisième tiers est ainsi représenté par les descendants d'Isnard [3].

Nous devons d'abord observer que ce n'est que vers 1240 qu'on trouve un document les regardant, dans le polyptique de Provence où on lit la note suivante: *Raimundus Chabaudus tenet castrum Aspermunt iniuste, cum illud emerit sine assensu Comitis a dominis de Castronovo; videlicet a Raimundo Rostagno et eius uxore nomine Aicarda; alium tertium a Gilelmeta et Gaufrido eius filio, alteram tertiam partem a Guillelmo de Castronovo et Bertrando et Isnardo.*

---

(1) *Cart. Cath. de Nice*, 86.

(2) Les fils de Pierre Isnard de 1109 devaient être très jeunes à cette époque.

(3) Nous avons cru mieux d'invertir l'ordre de priorité, tel qu'il se trouve dans la division par tiers de l'acte de 1249 et de les étudier d'après le rang que tiennent les ancêtres dans l'acte de 1109.

Cette vente d'Aspremont se rapportant à peu près à l'année 1240, il faut ajouter que Raymond Rostaing [1], qu'on cite le premier parmi les coseigneurs de Châteauneuf et d'Aspremont, l'était aussi de Val de Bloure, Rimplas, Saint-Sauveur et Clans [2] et qu'il était fils de Guillaume Pierre, seigneur de la haute partie des Alpes Maritimes [3]. *Aicarda, femme de Raymond Rostaing*, devait être de la famille de *Châteauneuf* et c'est par ce motif que le mari est compris parmi les coseigneurs de Châteauneuf.

D'autre part, comment ses différents seigneurs de Châteauneuf auraients-ils eu deux tiers du fief d'Aspremont? On résoudra ce problème en supposant que *Gilelmeta*, sœur de Guillaume Pierre, a épousé le père de *Geoffroi* coseigneur de Châteauneuf; pareillement une autre sœur de Guillaume Pierre a épousé le père de *Guillaume*, de *Bertrand* et d'*Isnard de Châteauneuf*.

Voilà donc, d'après la petite note des archives de Marseille, trois seigneurs [4] qui portent en toutes lettres le nom de Châteauneuf vers 1240; si ce document ne dit pas explicitement qu'ils représentent un tiers de la juridiction, ils doivent cependant être les auteurs directs des différentes familles qui, dans l'acte de division de 1249, possédaient le troisième tiers.

Celui-ci est en effet représenté dans cet acte par trois familles: *Richardi* [5], *Châteauneuf* et *Caras*; chacune a donc un neuvième de juridiction.

Nous voyons d'abord *Pierre Richardi;* c'est sans doute par sa femme qu'il tient ce neuvième ; elle devait être fille unique de Guillaume de Châteauneuf.

----

(1) Cfr. *Le XIe siècle dans les A. M.*, p. 34; et Cais de Pierlas, *Statuts et privilèges du comté de Vintimille et val de Lantosque*, p. 11, 18-

(2) En 1271 on trouve Sibille dame de Clans, de Coaraze, d'Alloche et de Châteauneuf.

(3) Il descendait du comte Rostaing, de Rainard, de Rostaing Rainard, seigneurs d'Aspremont et Val de Bloure. V. *Le XIe siècle dans les A. M.*, p. 26 et suiv.

(4) Geoffroy, fils de Gilelmeta; nous l'attribuons au deuxième tiers et le croyons mort sans postérité.

(5) La famille Ricardi est une des familles consulaires de Nice et vassale de l'évêché. Dès le commencement du régime communal, nous trouvons au consulat G. Ricardi en 1146, P. en 1159, en 1164, en 1184, Guigue en 1164 et 1184: (cfr. *Cart. Cath. de Nice*, 24, 25, 27, 28, 30, 36, 51, 53, 87, 93, 94, 95, 98).

411

C'est ensuite *Pierre* et *Isnard de Châteauneuf*, qui ont un autre neuvième ; ils peuvent être fils de Bertrand.

Puis c'est *Foulque Caras*, dont la femme devait être fille unique d'Isnard ; l'intervention de son fils Foulquet prouve bien que c'était par droit dotal que cette part de juridiction était entrée dans la famille.

Il serait intéressant de pouvoir suivre exactement les droits ci-dessus dans leur passage à d'autres familles, mais les éléments font trop souvent défaut.

La famille Ricardi disparaît de Nice à cette époque et paraît avoir résidé à Lantosque comme les familles Solaro et Caras [1]. Ce fait pourrait faire conjecturer que leur part de juridiction soit passée à cette dernière famille, que nous trouvons encore parmi les coseigneurs en 1271 et plus tard.

Peut-être aussi, parmi les descendants et ayant cause de ce troisième tiers, faut-il encore ajouter Raymond Astenc, qui en 1271 prête serment de fidélité au comte de Provence comme coseigneur de Châteauneuf [2].

Quant à la part possédée par les deux frères Pierre et Isnard [3]

---

(1) En 1304 on trouve parmi les témoins d'un acte de la Com. de Nice, *Colrado de Ricardis de Laude* (Loda près de Lantosque), signant à côté de *Carlevario de Ricardis* juge de Nice (Arch. Com. de Nice, A. 21). En 1318, Antoine Ricardi dans le testament de François Badat (v. doc, n. IV). En 1312 *André Ricardi de Lantusca*. En 1301 *André Ricardi* est juge de la viguerie. En 1295 *B. Ricardi de Lantusca* de Sospel (Arch. di Stato). En 1333 *Bon. Ricardi* un des *probi viri* de Nice qui interviennent à la reconnaissance des habitants de Nice (Arch. Cam. *Cod. Leopardus*). Pareillement en 1429 on trouve aussi à Lantosque *Monetus Carassii* (Arch. di Stato). — En 1474 on trouve à Sospel André et Julien *de Solaro de Lantusca* et en 1471 Balthasar *de Solaro de Lantusca.* Cette famille avait été exilée de Nice en 1229 (V. CAIS DE PIERLAS, *Le testament de Jourdan Riquieri au XII*e *siècle*, Extr. des *Annales de la Société des lettres de Nice*, tom. XII, p. 19).

(2) La famille Astengo était une des plus anciennes familles consulaires de Nice. V. *Cart. Cath.* n. 13, 51, 53, 94, 95.

(3) En 1252 le 15 oct. *Isnard de Châteauneuf* est témoin à l'acte de compromis, passé par conseil d'André de Pontayrol juge de Nice, entre G. évêque de Vence et R. Laugier seigneur de Besaudun d'une part et Paul de Villeneuve seigneur de Coursegoules de l'autre pour la division de leurs territoires. Sont arbitres Tournefort de Lantosque chevalier et B. Geoffroi de Nice. Les autres témoins sont Pons Mauvoisin, P. Jofredy et P. Guigo de Carros chevaliers (Arch. di Stato, *maz.* 3).

de Châteauneuf, elle s'est conservée dans la descendance de ce dernier. Pierre, dont il est ici question, est le trouvère Niçois bien connu, mort probablement sans enfants après 1271, car en cette année-là il comparaît encore parmi les coseigneurs [1] qui prêtent hommage à Charles III. Isnard a continué la lignée, comme nous le verrons.

Le nom de la famille Caras, qui est écrit de diverses manières [2], se trouve en 1196, en personne de *P. Meriaut Caracio* et *Hugues Carac* notaires [3]; et tandis qu'en 1249 et 1271 on trouve Foulque *Caracius* parmi les coseigneurs, en 1461 c'est Antoine *de Cayrasco* qui vend sa part aux Martini. En 1344 Durandus *Carasii* est notaire de la cour à Nice [4]. En 1428 et 1436 Jacques *de Cayrasco*, père d'Antoine seigneur de Châteauneuf est apothicaire à Nice. Datta donne plusieurs personnages de la famille *de Cayrasco* en 1305. Marin *de Cayrasco* en 1333 était gendre de Bertrand Baudi [5]. Cet individu dans une pièce de 1325, regardant l'hôpital de St-Eloi, porte le nom de *Marinus de Laude* [6] comme Conrad Ricardi, qui est qualifié *de Laude* [7]. En 1360 Marinon *de Cairasco* est syndic de Nice.

Gioffredo en 1356 et 1358 parle de Jean *Olivaro detto di Cherasco*, syndic et député de Nice [8]; on pourrait le croire de la famille Olivari et peut-être de la ville de Cherasco en Piémont; il s'agit au contraire de la même famille des coseigneurs de Châteauneuf. On le prouve par un acte du 24 août 1348, par lequel dame Jacqueline veuve de *Jean de Cairasco* aïeule et tutrice d'*Antoine de Cairasco* fils de feu *Geoffroi Olivari de Cairasco*, celui-ci fils de Jean, reçoit de Guillaume de Cellis en donation trois maisons à la condamine inférieure de Ste-Réparate [9]. C'est donc Jacqueline qui devait être de la famille Olivari, et

---

(1) Arch. de Marseille, B. 754. Il a donc vécu plus tard qu'on ne croyait.

(2) Son nom est sans doute passé à la région de Caras à Nice, comme c'est arrivé pour es régions de Carabacel, Serena, Riquier, etc.

(3) Arch. Com. de Nice, A. 2.

(4) Arch. Com. de Nice B. 7. Le même changement s'observe pour *Sayssi, Saxii, de Saxiis*.

(5) *Cart. de St-Pons* et *Registre Leopardus*.

(6) Loda près de Lantosque.

(7) Arch. di Stato, *Nizza e contado, maz.* 3.

(8) Gioffredo, *St. A. M.* 3, 284 et 298.

(9) *Cart. de St-Pons.* V. pour la famille *de Cellis* Gioffredo *St. A. M.* 3, 7.

413

son fils Geoffroi avait ajouté le nom maternel au sien. Nous avons trouvé ailleurs le nom de Jacques Olivari de Cayrasco, témoin en 1326, à la vente de Prelà faite par les Grimaldi de Gênes à ceux de Beuil. Ce Jacques devait être le frère de Geoffroi.

Nous croyons intéressant d'ajouter ici à propos de la famille Olivari, que celle-ci en 1254 avait des possessions à Châteauneuf; en cette année Guillaume Raynaud et sa femme sœur de Bertrand Olivari, ainsi que celui-ci, donnèrent leurs biens à Ste-Marie de Villevieille et le prieur Bertrand Dodon *recepit eos in fratres, stantes coram ipso flexis genibus et manibus iunctis et osculatus fuit eos et accepit dictam Mariam in sororem dicte ecclesie.* Sont témoins *Petrus Olivarii pater, Guillelmus Olivarii filius;* fait à Nice dans la maison de *Raymondi Iordani* [1]. Ce Guillaume Olivari devint amiral de Nice et eut un fils nommé Pierre, comme son grand-père [2].

Comme nous l'avons énoncé plus haut, dans la branche, qui seule pendant trois siècles conserva le nom *de Castronovo*, le prénom d'Isnard et celui de Geoffroi s'alternèrent régulièrement pendant plusieurs générations.

C'est cette remarque qui nous à engagés à supposer qu'Isnard de Châteauneuf, frère du trouvère, soit le père de Geoffroi de Châteauneuf, coseigneur d'Ascros, chef d'une branche fort importante.

On commence par en apprendre l'existence par un acte d'hommage prêté le 5 novembre 1298 à Geoffroi de Châteauneuf par un de ses vassaux d'Ascros, dans lequel il est qualifié de fils de feu Isnard [3]. Un autre acte de reconnaissance à Géoffroi, passé par les habitants d'Ascros, porte la date du 26 juin 1314 [4].

---

(1) *Lib. Nig.* Arch. Capit. de Nice.

(2) V. mes *Statuts du Comté de Vintimille*, p. 15 et suiv.

(3) Arch. di Stato, *Nizza, maz.* 48, 1. Nous avons trouvé en 1286 un Jacques de Châteauneuf juge de la baronie de Beuil; c'était p. e. le frère de Geoffroi.

(4) Ibid, maz. 48, 5. Ce Geoffroi *de Castronovo dominus de Crocis* est sans doute le *Geoffroi seigneur de Cros* de 1308 dont parle l'abbé Antoine Cauvin, *Mémoires sur la Commune de Contes*, Nice 1885, p. 5 et 207. Mais l'auteur, d'après une charte possédée par le comte de Roubion et, paraît-il, selon l'opinion de celui-ci, confond *Ascros* et *Sclos de Contes.*

Geoffroi de Châteauneuf est à son tour père d'un Isnard, qualifié de *domicellus,* comme on le voit par plusieurs contrats de vente du 10 avril 1320, 1ᵉʳ mai et 7 novembre 1323, 7 juin 1337 [1].

Celui-ci, comme ses devanciers de la moitié du xiiᵉ siècle, a conservé une part du fief de Rével; en 1321 avec Alasia sa mère il la vend à Geoffroi de Conségudes [2].

Il a eu probablement deux fils, Geoffroi et Jacques de Châteauneuf [3], qui le 26 juillet 1369 vendent leur part des fiefs de Thoèt, Ascros, Saint-Antonin et Saint-Léger à Antoine Flotte seigneur de Cuebris [4].

Jacques de Châteauneuf est marié avec Monina, qui en 1385 est légataire de Delphine de Revest, veuve de Manuel Ranulphi seigneur de Gilette [5].

Jacques est peut-être le frère de Ludovic à qui, le 29 octobre 1353, les habitants d'Ascros passèrent reconnaissance pour certains biens qui dépendaient de son fief [6] et qui, le 8 avril 1370, institua un service annuel sur certains biens qu'il possèdait sur ce territoire [7]. Il est aussi qualifié de coseigneur de Gilette dans l'acte de 19 novembre 1376, par lequel il vend à Raymond Niel une terre sise à Ascros sous le service annuel d'une charretée de blé [8].

A la fin du xivᵉ siècle la branche de Châteauneuf d'Ascros doit s'être éteinte. Dans l'investiture concédée le 25 août 1391 à Jean Grimaldi seigneur de la baronie de Beuil et à Ludovic son frère, les

---

(1) Arch. di Stato, *Nizza,* maz. 48, 7. En 1329 nous trouvons Aubert de Seros juge de Nice (*Cart. de St-Pons*). En 1341 Guillaume de Châteauneuf chanoine de Nice (*Lib. Nig.* 31).

(2) Arch. Capit. de Nice, n. 85. Les seigneurs de Conségudes appartenaient à la famille Laugier.

(3) Le 29 mai 1326 autre Jacques de Châteauneuf est coseigneur d'Ascros; il fait abandon à G. Niel du trézain qui lui était dû. (Arch. di Stato, *Nizza,* maz. 48, 14).

(4) Barthélemi, *Cartulaire de la famille de Baux*, préf., p. xxix.

(5) Arch. Capit. de Nice. Manuel Renulphi était seigneur de Dosfrayres et de la Roquette du Var. (Bibl. royale de Turin, ms., vol 60, 47). En 1322 les habitants de Gilette prêtent hommage à noble damoiseau Foulque Ranulphe; Guillaume Ranulphi est seigneur de la Roquette et Dosfrayres. (Arch. St., *Nizza,* maz. 18, 1). En 1325 ils prêtent hommage au roi Robert pour la Roquette, le Broc et Dosfrayres (Arch. de Marseille, B. 467).

(6) Arch. di Stato, *Nizza,* maz. 48, 15.

(7) Ibid., 48, 28.

(8) Ibid., 48, 32.

41

droits féodaux sur Ascros sont indiqués comme: *feudum quod tenent et tenere consueverunt domini de Falcono et Gaufridus de Cobrio in castro de Crossis* [1].

Le dernier seigneur de la famille est ce Ludovic de Châteauneuf, que nous avons nommé plus haut ; il avait épousé Philippine Riquieri et avait laissé son héritage à Laurent de Berre. Sa veuve s'étant remariée à un Grimaldi, elle dut soutenir en 1421 un procès contre Geoffroi, Melchior, Barthélemi et Honoré de Berre pour l'héritage de son mari, dont elle avait voulu distraire une partie en faveur de sa fille Louisette Grimaldi mariée à Antoine Armandi. Le 6 décembre elle eut une sentence défavorable [2]; à la suite de cette sentence, en 1425, la portion de Gilette et d'Ascros qui appartenait à la femme d'Antoine Armandi fut mise aux enchères et acquise, pour le prix de mille florins, par Jacquemard Ballatoris, qui en paya le trézain à la cour [3].

Peut-être Alaisette, femme de Geoffroi de Berre, seigneur de Gilette, était-elle la fille de Ludovic de Châteauneuf, car elle vendit à Honoré Marquésan certaine part d'Ascros [4]. Des contestations nacquirent à cet égard entre Geoffroi de Berre et Marquésan, et nous en trouvons la transaction le 10 août 1437 [5].

<h1 style="text-align:center">V.</h1>

Le deuxième tiers. — Origine des Chabaud. — Testament de Raymond Chabaud, seigneur de Châteauneuf en 1223. — Généalogie de la famille.

Le deuxième tiers doit être représenté par les descendants de Guillaume Talon ; dans la division de 1249 il appartient en entier à Milon Chabaudi.

---

(1) Arch. di Stato, *Prot, Bombat,* 67, fº 34.

(2) Arch. di Stato, *Prot. Bolomier,* 74, fº 97.

(3) Arch. Cam. *Cti di Giac. Fontana ricevitore gen.,* maz. 2, vol. 3.

(4) En 1503, 18 janv., les habitants d'Ascros prêtent serment de fidélité à Honoré de Berre, comme mari et procureur de Catherine fille et héritière de Mathieu Marquésan (*Prot. Bolomier,* 74, fº 54).

(5) Arch. di Stato, *Nizza,* maz. 48.

On a vu plus haut que *Guillaume Talon* a eu pour fils *Isnard de Châteauneuf*.

Après Isnard un nom fait défaut, celui de son fils : nous connaissons uniquement le nom de la femme de ce dernier, *Guillaumette*, mentionné dans l'acte de vente d'Aspremont, ainsi que celui de *Geoffroi* son fils, qui est mort sans postérité. C'est de cette façon que ce tiers sortant des Châteauneuf est passé par les femmes à une autre famille. Une sœur de Geoffroi doit avoir existé et a dû hériter des biens de cette branche. Nous ne savons pas son nom, mais en mettant l'acte de 1249 en présence d'une autre pièce fort intéressante et que nous allons examiner, le testament fait en 1223 par *Raymond Chabaudi* [1], nous aurons la preuve que celui-ci était bien le mari d'une sœur de Geoffroi de Châteauneuf.

En effet, le testateur en parlant d'un certain Bertrand de Châteauneuf auquel il lègue un cheval, dicte la phrase suivante : *volo quod quilibet homo meus de Castronovo det tibi unum sextarium bladi annuatim, usque ad sex annos si tenueris equum.* Il avait donc déjà part à la seigneurie de Châteauneuf.

Les fils de *Raymond Chabaud* sont *Pierre, Milon* et *Geoffroi;* ses filles, *Guillaumine* et *Tiburge.*

Or, dans la division de 1249 on voit Milon Chabaud posséder à lui seul un tiers de Châteauneuf; c'est donc qu'il était héritier universel d'une des branches de Châteauneuf.

Le fait même que ce n'est pas le fils aîné Pierre qui possède le fief de Châteauneuf et que Milon le cadet est seul à l'avoir, démontre assez que Châteauneuf ne venait pas à Milon par héritage paternel, mais la mère et peut-être l'oncle Geoffroi de Châteauneuf avaient dû léguer leur part de fief en entier au fils cadet, tandis que l'aîné avait eu les fiefs paternels: cela nous prouverait aussi l'importance de la famille Chabaud, dont nous allons étudier l'origine et la descendance.

---

(1) V. document n. III. Nous le devons à l'obligeance bien connue de M. le chev. Girolamo Rossi, qui l'a copié chez notre excellent ami le chev. Gabriel Alberti de la Briga.

C'est en l'année 1210 que le nom de *Chabaudi* paraît la première fois, dans l'histoire des Alpes Maritimes de Gioffredo, en la personne de Pierre, un des quatre consuls de Nice qui signèrent la paix avec Sanche d'Aragon [1].

Ce nom pourtant pourrait être plus ancien et nous croyons le voir dans celui de *Guillaume Cebaldi* qui, avec ses frères *Raymond, Bertrand* et *Isoard*, est indiqué parmi les vassaux de l'église de Nice dans l'acte de transaction passé en 1152 entre l'évêque et Laugier de Gréolières [2].

De ces quatre frères, *Guillaume* et *Bertrand* ont été consuls de Nice, le premier en 1146, le second en 1164 [3] : malgré une certaine variante de la forme du nom, que nous allons analyser, ce sont bien les mêmes frères et les ancêtres du consul de 1210.

Les principales modifications, que le nom de cette famille a subies s'observent dans le cartulaire de la cathédrale de Nice à propos des deux consuls indiqués, qu'on trouve avec les variantes de *Cebaldi, Iatbaldi, Iethbaldi, Iatbaud, Gabaldi, Gatbaldi, Gatbaud, Gaubaldi* [4].

Le cartulaire de Lérins nous donne aussi les noms de *Jabaudus* et *Jatbaldus* [5]; un certain *Guillelmo Jabaldo* est qualifié de *villicus comes*, en 1167, dans une transaction faite à Grasse devant Raymond Bérenger [6].

Le cartulaire de Saint-Victor a un *Jabaldus de Grimaldo* témoin vers 1070 [7].

Un document relatif au comté de Vintimille, en 1274, fournit le nom de *Johannes Zabaudus* témoin à Saorge [8].

---

(1) GIOFFREDO, *St. A. M.*, 2, 239.

(2) *Guillelmus Cebaldi et frater eius Raimundus et Bertrandus et Ysoardus* (*Cart. Cath. de Nice*, 30).

(3) *Cart. Cath. de Nice*, 25, 95.

(4) Ibid., 24, 25, 30, 39, 51, 57, 87, 95.

(5) *Cart. de Lérins*, p. 84, 106.

(6) Ibid., p, 320.

(7) *Cart. de St-Victor*, 84.

(8) Arch. di Stato, *Nizza*, mazz. 31, fasc. 3. GIOFFREDO, *St. A. M.*, 2, 507, rapporte une partie du document, mais il ne donne pas le nom de ce témoin.

La preuve que ces différentes formes correspondent à *Chabaudi* et *Cabaudi* [1] nous est encore fournie par des exemples, tirés de documents de plusieurs époques et à diverses sources.

Ainsi *Cateiras* équivaut à *Gattières* [2].

Zaudelda équivaut à *Jaudelda* [3].

Colcia équivaut à *Zoucie* [4].

Jatbertus équivaut à *Catbertus, Ketbertus, Chetbertus* [5].

Le nom de *Zotardus*, témoin en 1300 au testament d'Obert de Vintimille [6], doit correspondre à *Chautardus* et *Cautardus* que nous trouvons plus anciennement en Provence [7].

Le nom de Chabaudi dans notre région, après la suite des modifications que nous avons indiquées, en a encore subi d'autres, car dans les documents qui font l'objet de ce mémoire nous le trouvons écrit *Chabaudi, Chabod, Chabodi, Cabaudi* [8], *Cabodi* et *Chiabaudi :* modifications portées par les différentes prononciations provençales [9].

---

(1) GIOFFREDO, *Storia A. M.*, 3, 319. *Prot. Trolliet*, 195 *etc.*

(2) *Cart. Cath. de Nice*, 45.

(3) Ibid., 16, 20.

(4) Ibid., 20.

(5) Cfr. *Cart. Cath. de Nice*, 48, 99; *Cart. Lérins*, 266, 315; *Cart. St.-Victor*, 78, 80, 92, 128, 452, 466. 581, 1074.

(6) *Archives de l'Orient Latin*, t. 2, 102.

(7) *Cart. Lérins*, p. 105, 268.

(8) Cette forme de *Cabaudi* se trouve, entre autres, dans un document cité par Gioffredo (*St. A. M.*, 3, 319). En Savoie le nom similaire d'une illustre famille a subi les mêmes variantes. En 1538 *Lud. Chabodi dominus Scharene* (l'Escheraine en Savoie) *consiliarius et cambellanus noster*, qui venait de mourir avec la charge de châtelain de Carignan, et avait pour successeur Aymon Bernezzo (Arch. di Stato, *Prot. Segr. duc.* vol. 161, f° 63).

(9) En laissant cette dernière forme qui n'est pas grammaticalement correcte en provençal, nous observerons que ces différences dérivent de ce que la gutturale *ca* s'est changée en français dans la palatale *cha ;* cette modification s'est produite sous l'influence du *h* aspiré des dialectes allemands, qui se parlaient sur les frontières, ou plutôt parce que le *ca* guttural est proche parent de *h*, la voyelle *a* ayant la propriété de faire naître une aspiration. Probablement dans le groupe *qua* la voyelle *a* n'était pas encore muette à l'époque ou *ca* est devenu *cha.*

En provençal, dans presque tous les manuscrits et souvent pour le même mot qui s'y trouve répété, la forte persiste à côté du *ch.* Ainsi déjà dans Boëce on trouve *cader* et *chader;* dans Giraud de Roussillon, *carcer* et *charcer;* dans Janfré *cavalier* et *chavalier;* dans Fierabras *cantar* et *chanso.* Dans le provençal moderne il y a le *c* et le *ch* avec préférence pour ce dernier; le Languedocien, le Catalan, le Toulousain dans les *leys d'a-*

419

Il résulte de l'ensemble de ces faits que les quatre frères *Cebaldi*, Guillaume, Raymond, Bertrand, Isoard de 1152 sont bien de la famille *Chabaudi* et que Guillaume et Bertrand sont les premiers consuls de cette famille, dérivée des vassaux de l'église de Nice.

Notre idée reçoit une sanction par le testament de Raymond Chabaudi de 1223, car celui-ci nomme comme membres du conseil de famille cinq personnages qui appartiennent aux familles consulaires de l'époque, les Badat, Guigonis, Ricardi, Riquieri et Raibaudi [1].

Peut-être les deux derniers Cebaldi, *Bertrand* et *Isoard*, sont-ils les mêmes seigneurs qui se trouvent nommés comme *Bertrannus de Berra et Isoardus frater eius*, dans une charte de la cathédrale en 1144 [2]; le premier, Bertrand de Berre, possède une vigne féodale au territoire de la Turbie en 1149 [3]. Ne serait-ce pas là l'origine de la famille de Berre dont les armoiries se rapprochaient beaucoup de celles des Chabaud?

Pareillement on trouve à cette époque (1151) deux autres frères portant le nom des premiers Cebaldi, *Guillaume* et *Raymond*.

Leur mère *Belieut*, soit *Belieldis*, probablement de la famille vicomtale de Nice, et *Guillaume* [4] son fils, cédaient à l'église les dîmes des châteaux d'Eze et de Laguet qu'ils possédaient [5]; l'autre fils Raymond [6] et Guillaume, son propre mari, sont seulement nommés dans la formule, *pro redempcione animarum nostrarum et mariti mei*, etc.; cette clause, à elle seule, n'indiquait généralement pas le décès; père et fils pouvaient être absents; Bellieldis dans ce cas

---

mors a le *c*. En bas Limousin au contraire le *ca* représente le *cha* Français, mais il se prononce *tza* (Diez, *Gram. Provençale*, p. 230). C'est ce qui explique la variante qu'on trouve pour les noms de *Zabaudus, Zotardus, Zoucie*, que nous avons indiqués. Le même phénomène s'observe dans la vallée d'Aoste, où on a *Tzâtillon* et *tzâteau* pour Châtillon et château. On a trop oublié à Nice que le dialecte Niçois, quoique légèrement modifié, est le descendant direct de l'ancien provençal.

(1) V. doc. n. III; cfr. *Cart. Cath. de Nice.* préf. p. xxvii et *Le XIe siècle dans les A. M.*, p. 69, 70.

(2) *Cart. Cath. de Nice*, 47.

(3) Ibid., 46.

(4) G. de Esa, tém. en 1154 (Ibid.. 32).

(5) *Omnes decimas quas in castro Ese et in Lax et ubicumque retinere videbamur.* (Ibid., 58).

(6) R. de Esa, tém. en 1136 (Ibid., 25).

pouvait, sans autorisation formelle du mari, faire largesse des droits qu'elle tenait de sa propre famille. Notons aussi que les deux frères de Berre possédaient des biens féodaux à la Turbie, village limitrophe à celui d'Eze.

L'origine des Chabaud peut donc se fixer en la personne de ces quatre seigneurs ; Pierre consul de Nice en 1210 descendrait de l'un d'eux.

Après le document de 1210, cité par Gioffredo, nous sommes heureux de pouvoir en donner ici un autre de peu postérieur et très important, celui que nous venons de citer plus haut.

C'est le testament fait le 1er juillet 1223 par Raymond Chabaudi, dans sa propre tour, par devant le notaire Guillaume Terrii [2].

On apprend par cet acte que la famille se composait, déjà à cette date, de plusieurs branches : le testateur nomme deux de ses cousins Raymond [1] et *Mischetum Chabaudum*, parmi les conseils de famille de ses enfants encore mineurs.

Sa femme est déjà morte : il donne la tutèle à sa propre sœur Astruga et à son beau-frère Augier Badat [3], en leur conférant les plus amples pouvoirs, tels que celui d'augmenter ou de réduire la dot de ses filles et de pourvoir à leur mariage et à celui des garçons, selon leur jugement.

Ses fils sont *Pierre, Milon, Geoffroi*, qu'il nomme ses héritiers ; il laisse à ses filles Guillaumine et Tiburge 1300 livres de Gênes ; à une autre fille Astrugue, qu'il a eu de Belinda, sa première femme ou sa maîtresse, il lègue 25 livres, payables à son mariage.

Plusieurs indications qu'il donne pour l'administration de sa fortune sont très curieuses ; ainsi les tuteurs devront tenir dans sa propre maison un coffre muni de deux serrures et de deux clefs : les

---

(1) Ce Raymond est p. e. le témoin au diplôme de Raymond Bérenger en 1229.

(2) V. document n. III.

(3) Ces Badat ont une fille, *Dulcia neptis mea* ; il la substitue à ses propres enfants. Dans la note des Niçois rebelles au comte de Provence, en 1229, on trouve cet Augier Badat, un fils, et *Douce Badat*, évidemment celle indiquée dans le testament.

tuteurs en auront une chacun: on y déposera tous ses revenus et une fois par jour et plus souvent s'il était nécessaire, Augier Badat et sa femme devront se rendre ensemble à la maison à cet effet, ainsi que pour sortir du coffre l'argent nécessaire aux dépenses de la famille: on renfermera ensuite le coffre et chacun des tuteurs retiendra sa clef. Il devront pareillement tenir chacun deux registres, un pour l'entrée et l'autre pour la sortie; un scribe y fera jour par jour les annotations indiquées.

Outre les tuteurs, il nomme les membres du conseil de famille, en personne de Foulque Badati, Rostaing Guigonis, Guigue Ricardi, Guillaume Riquieri et Bertrand Raibaudi, qu'il appelle ses cousins; comme nous l'avons remarqué, ce sont les familles consulaires de l'époque.

Le legs qu'il fait à ses filles donne une idée de sa fortune. Nous en avons aussi d'autres détails; ainsi on apprend qu'il exerçait la gabelle de Nice et que les Riquieri et autres habitants de la ville étaient ses débiteurs pour ce fait; la commune de Grasse lui devait 300 livres de Gênes, sur lesquelles il en lègue 100 à la ville de Nice *pro portu faciendo*. S'il guérit, il ira à la croisade: la formule de cette promesse est assez intéressante ... *crucem levo per manum domini Niciensis episcopi in remissionem peccatorum meorum et si Deus vitam mihi ministraverit, promitto me iturum ultra mare in servicium Dei:* s'il meurt sa sœur et son beau-frère enverront à sa place un homme d'armes en lui donnant 100 livres de Gênes, 100 sêtiers de blé et autant d'avoine, en lui fournissant les armes de corps et une cuirasse de cheval.

Outre les nombreux legs aux privés, il en fait aux abbayes de Vallebonne, de Saint-Pons et de Saint-Honoré, à l'hôpital du Var, au port de Nice.

Les exécuteurs testamentaires tiendront pendant sept ans un chapelain, *qui cotidie cantet missam pro anima mea.*

La haute position féodale qu'il occupe se manifeste dans plusieurs articles de ce testament; il possède des maisons et une tour fortifiée, dans laquelle tous les cousins, qu'il a déjà indiqués, pourront venir chercher refuge et défense et s'y entr'aider contre tout ennemi qui voudrait les attaquer; en cas d'alerte, Astruga enverra dans la

tour ses propres vassaux au secours des personnes qui s'y seront re-
fugiées. Ce précepte aura la durée de quinze ans.

En dehors de Nice il possède des vassaux, soit à Châteauneuf que
dans plusieurs autres châteaux, *de diversis castellis meis* [1] ; ils seront
tenus, chaque fois où ce sera nécessaire, de protéger et défendre ses
parents.

L'intérêt que présente ce petit document pour l'étude de la vie
sociale au XIIIᵉ siècle est évident ; nous avons dit combien il est utile
pour établir la division féodale de Châteauneuf et la généalogie de la
famille ; nous allons le voir.

Des trois enfants de Raymond, chacun doit avoir formé une branche.
L'aîné Pierre doit avoir eu une seule fille, Sibylle, mariée à Isnard
de Flayos, père de Guillaume, dont Isnard qui en 1351 vendit aux
Cays et aux Thison la quatrième partie de Peillon [2]. *Milon* le second, était possesseur du tiers de Châteauneuf en 1249 ; vers 1234
il avait une partie de Contes, sans qu'on sache comment elle lui était
parvenue.

D'après une note des archives de Marseille de la seconde moitié
du XIIIᵉ siècle, Contes aurait d'abord été la possession de la famille
de Baux [3], puis ce village donné en gage aux seigneurs de Châteauneuf
pour la somme de 7500 sous, ensuite libéré par Guillaume de Baux,
et vendu à Bertrand Riquieri. Celui-ci, banni en 1229 par le comte
de Provence, perdit ce fief qui demeura pendant quatre années au
pouvoir du comte Raymond Bérenger ; en dernier lieu il parvint à
Milon et aux autres seigneurs de Châteauneuf [4]. En effet en 1271

---

(1) D'après les possessions de ses fils et petit-fils les châteaux qu'il possédait, du
moins en partie, étaient *Tourrette, Contes, la Roquette de Mérindol* (près de St-André)
le *Puget-Théniers.*

(2) Arch. Camerali, *Consegnamento De Porta,* vol. 553, p. 68 e 72.

(3) Les Baux auraient eu Contes évidemment par Tiburge, fille de Raimbald comte
d'Orange et vicomte de Nice, qui épousa le comte de Montpellier, dont est issu autre
Tiburge qui en épousant Bertrand de Baux lui apporta de grandes possessions dans le
comté de Nice. (*Le XIᵉ siècle dans les A. M..* p. 51, 54, 60).

(4) *Le XIᵉ siècle dans les A. M.,* p. 60. *Comptos — Predictum castrum fuit domi-*

on trouve, outre Boniface Chabaud qui est fils de Milon, Isnard et Raymond de Châteauneuf et Raymond Astenc.

Milon Chabaud, comme cadet, avait les fiefs maternels, Châteauneuf et Contes : il doit être père de *Boniface*, qui en 1271 prête hommage pour Châteauneuf, Tourrette, Contes, la Roque de Mérindol et le Puget du Var [1].

Boniface ne vivait plus en 1311 : à cette époque on mentionne sa veuve *Delphine*, tutrice de *Bérengère* [2] et de sa prope fille, *domina Delphina uxor Bonifacii Chabaudi quondam et tutorio nomine Berengarie et filie sue*. C'est ce que nous apprend un autre document très important que nous examinerons, l'acte de vente de la bandite de Rével que les seigneurs firent à la commune en 1311 [3]. Quoiqu'on trouve ici la veuve d'un Chabaud parmi les coseigneurs de Châteauneuf, il ne s'agit pas de la part de seigneurie qui parvenait à Boniface par Milon son père, seigneur d'un tiers du fief, comme c'est établi par l'acte de 1249, mais seulement de la part qui regardait sa femme (fille d'un Châteauneuf) qui avait eu $^1/_{24}$ du fief, soit $^1/_{12}$ entre elle et sa sœur Bérengère, ce qui résulte parfaitement de l'acte de vente de 1311.

La fille dont est tutrice Delphine Chabaud, n'est pas nommée ici : c'était *Béatrix*, qui épousa *Jourdanet Badat* et qui devenue veuve en 1344 et ayant hérité toutes les possessions de son mari, vendit sa part de Châteauneuf et de Contes à Geoffroi de Berre [4].

Cette part était très importante, car elle comprenait le tiers de Châteauneuf entré dans la famille Chabaud vers 1200, le vingt-quatrième ou le douzième entré de nouveau dans la famille Chabaud

---

norum de Baucio et illud castrum cum quibusdam aliis fuit obligatum dominis de Castronovo, ut continetur in notula Raimundi Terii pro v^m vii° *solidos; postmodum transacto magno tempore, venit G. de Baucio, qui ivit in Sardeniam nomine suorum et aliorum dominorum de Baucio et recuperavit castrum de Comptos et illud vendidit B. Richerio: qui B. Richerius fuit bannitus domini Comitis per sententiam latam a P. Bota iudice et eiusdem bona confiscavit; et tunc, elapso uno anno vel circa, dominus R. Berengarius cepit castrum de Comptos et tenuit et habuit bene per* iiii *annos; postmodum habuit Milo et alii domini de Castronovo, et nescitur ex qua causa.*

(1) Arch. de Marseille, B. 754.

(2) Nous prouverons plus bas que Bérengère était la sœur de Delphine Chabaud.

(3) V. Doc. n. II.

(4) Bibl. royale de Turin, ms. 108, 29.

vers 1250 par Delphine et un douzième entré directement dans la famille Badat vers 1280 par Béatrice de Châteauneuf, femme de François Badat.

Le troisième fils de Raymond est *Geoffroi*.

Nous ignorons le nom de son fils, mais nous croyons de trouver en 1319 ses petit-fils, les trois frères *Boniface, Milet* [1] et *Huguet* [2], qui reçoivent à Tourrette l'hommage d'un de leurs vassaux: *Anno a nativitate Domini millesimo ccc° xix°, indictione secunda, die xv augusti, Paulus de Bolla de Falicono habitator castri de Turretis et Monneta uxor sua filiaque G. Camossi dicti castri de Turretis, iunctis manibus et flexis genibus, prestiterunt et iuraverunt fidelitatem et homagium nobili domicello Bonifacio Chabaudi de Nicia eorum domino et domino in parte dicti castri de Turretis, nomine suo proprio et vice et nomine Mileti et Hugueti Chabaudi eius fratrum etc. recipienti; dictam fidelitatem fecerunt et sacramentum fidelitatis prestiterunt pro se et heredes suos etc. Actum in dicto castro, in domo et fortalicio dictorum nobilium, presentibus Petro Aymes, Verano Viahl et Iohanne Ricardi dicti castri. Et ego Anthonius Richardi notarius publicus a serenissimo domino Roberto rege Iherusalem et Sicilie constitutus etc.*

Boniface a épousé Guigonette de Sabran, *Milet* une Villeneuve : en 1329 celui-ci possède la moitié d'Andaon, fief des Villeneuve, dont il fait hommage au roi Robert en 1330 [3].

Boniface ci-dessus a eu pour fils *Hugues, Milon* et *Milet* [4], seigneurs de la troisième partie de Tourrette indiqués dans la transaction pour ce fief avec leurs cousins en 1327 [5].

En la même année, le 17 septembre, par acte reçu par Raymond Cayssii, notaire et citoyen de Nice, Milet fils de Boniface ainsi que Guillaume de Flayos, fils d'Isnard et héritier de Sibylle sa mère, firent un compromis avec leurs vassaux par l'arbitrage des honorables *Petri*

---

(1) Ces deux frères furent amnistiés en 1302 par le comte de Provence.

(2) En 1323 il est conseiller de la ville de Nice. (Arch. Com. de Nice. *B. 4*).

(3) Arch. de Marseille, *B. 476.*

(4) En 1326 il est qualifié de *domicellus* et dans sa minorité.

(5) Arch. Cam., *Consegnamenti De Porta*, vol. 553.

de Pyllia et *Raymundi Figueyras de Pillione* en s'engageant à payer une redevance annuelle de 120 livres de reforciat pour les bandites [1].

Milon, fils de Boniface, le 8 octobre 1335 est qualifié de seigneur de Toudon: il est témoin à l'acte par lequel Manuel Renulphi, seigneur de Gilette et de Dosfrayres, achète de noble damoiseau Barthélemy Gastayre de la Gaude et de noble Alaisette sa femme, la seigneurie et les droits qu'ils ont à la Roquette du Var par indivis avec noble Rostaing de Conségudes et Manuelet son fils et qui appartenaient à Guillaume père d'Alaisette et à Rostaing [2].

Ce Milon a eu deux fils: *Milon*, qui paraît en 1343 dans un acte du cartulaire de Saint-Pons, et *Boniface*, qui a acheté, de moitié avec les frères de Berre, les deux parts du tiers de Tourrette qu'y possédait Isnard de Flayos, fils émancipé de Pons Guillaume, au prix de 2 milles florins d'or de Florence, le 13 février 1354, notaire Jean Bottini d'Utelle; le 13 mai ils en recevaient l'investiture [3].

La femme de Boniface est Alziaria de Berre que nous trouvons veuve en 1386 [4].

Leurs fils sont *Jean Antoine* et *Mathieu*, qui le 22 novembre 1391 font hommage de leur tiers de Tourrette [5], de celui de Toudon et du quart de Saint-André [6].

On trouve à cette époque un des personnages plus éminents de la famille, *Guillaume* Chabaudi, chanoine di Nice, fils de *Hugues* et qualifié de *condominus castrorum de Turretis et de Todono, preceptor beate Marie de Fenestris:* il avait rendu de grands services à la reine Jeanne dans les Calabres et celle-ci le combla de faveurs; le 5 août 1381 elle l'investit de 100 florins de rente, qui lui appartenaient *in castris et locis vallis de Massoinis sitis in vicaria Pugeti Thenearum,* et en plus de 200 setiers de sel, du château de Pierrefeu viguerie du Puget, des châteaux de Tourrette et de Revest

------

(1) Arch. Cam., *Consegnamenti De Petra,* vol. 553, fº 72.
(2) Bibl. royale de Turin, Ms., vol. 60, p. 47.
(3) Arch. Cam., *Declaratorie Camerali* 1782, 1, 514.
(4) Arch. Capit. de Nice.
(5) *Castri de Turretis Chabaudorum.*
(6) Arch. Cam., *Consegn.,* vol. 536.

dans le baillage de Villeneuve et du mère et mixte empire qu'elle possédait dans celui de Toudon baillage de Villeneuve et dans celui de Tourrette *vicarie nove nostrorum comitatum,* mais sans déroger dans ces deux derniers châteaux aux droits des autres coseigneurs [1].

Guillaume n'en avait en effet que l'usufruit en 1391, cela pour un tiers [2]; son frère Milon à cette date était déjà mort; un autre tiers était représenté par Jean Antoine et Mathieu fils de Boniface; le troisième par Hugues [3], Raymond [4] et Manuel [5], fils de Milet [6].

Nous ne suivrons pas plus loin cette branche de la famille, mais en remontant plus haut nous rappellerons que dans le testament de Raymond en 1223, il mentionne *Raymond* son cousin : c'est celui qui vers 1240 acheta Aspremont : marié très tard, sa femme *Adelina,* veuve en 1271, prête hommage au comte de Provence, en qualité de tutrice des ses fils *Pierre* et *Raymond,* pour ce fief [7]. On trouve mention de ces deux-ci en 1279 dans Gioffredo [8]. Raymond a eu un fils *Manuel,* qualifié de seigneur d'Aspremont et de Contes en 1303 [9]. Celui-ci à son tour a un fils du nom de Raymond, en 1334 et en 1333, seigneur d'Aspremont, père de *Milon* chevalier de St-Jean et de *Hugues* et *Manuel,* dont il est question dans un document très intéressant du 4 juillet 1334 [10].

Nous citerons encore une sentence, les regardant, du 5 septembre 1369 [11] et l'acte de vente fait à la même époque par Pierre fils de Manuel de sa part du Broc à Gui Flotte pour le prix de 600 florins [12].

Quelques années plus tard, en 1385, Pierre Chabaud, partisan de la maison d'Anjou, perdait Aspremont, qui était confisqué par la cou-

---

(1) Arch. Cam., *Declaratorie Camerali,* 1782, vol. 1, 514.
(2) Bibl. royale de Turin, Ms. vol. 98.
(3) Mort sans enfants.
(4) Moine de St. Pons.
(5) Chevalier de St. Jean.
(6) Arch. Cam., *Consegn.,* vol. 526. hom. du 22 nov. 1391.
(7) Arch. de Marseille B. 754.
(8) Gioffredo, *Storia A. M.,* 2, 519.
(9) Arch. Cam., *Consegn.,* vol. 553.
(10) *Cart. de St. Pons.*
(11) Arch. Cam., *Consegn.,* vol. 553.
2) Arch. de Marseille, B. 1156.

ronne, et donné à la commune de Nice qui avait demandé de l'acheter en cette même année [1].

Nous ne savons comment le fief d'Aspremont, dont les syndics de Nice devaient avoir la juridiction, retourna au suzerain; le fait est que le 21 juin 1406 le comte Amédée de Savoie concédait la basse juridiction de ce fief à Ludovic Marquésan pour le prix de 2 mille florins de la reine.

La famille de Marquésan fut fidèle à la maison de Savoie, comme elle l'avait été à Ladislas; elle devint une des plus puissantes des Alpes Maritimes, mais s'éteignit dans les mâles à la moitié du xvi⁰ siècle [2].

Honoré Marquésan, fils de Ludovic, le 15 janvier 1421 acheta une part de Thoët de noble Laurent de Alaysiis héritier de Catherine Grimaldi sa femme [3]; en 1422, le 9 septembre, il acheta de la cour la troisième partie de ce même fief qui avait été confisquée aux enfants de feu noble Pons Cays, *Ponceti Cayssii de Arelate ribellis;* finalement en 1424, le 24 avril, de Philippe de Berre la haute juridiction que celui-ci y possédait [4].

En 1442, le 23 novembre Honoré Marquésan, avec l'intervention de Madeleine, sa femme, et de Pierre Litardi [5] vendait Aspremont à Barthélemy Borrillioni, fils de noble Bovet déjà seigneur d'autres fiefs, pour la somme de 3000 florins [6].

Outre la branche de Raymond Chabaudi, testateur en 1223, et l'autre de Raymond, seigneur d'Aspremont, il existait une troisième

---

(1) Gioffredo, *St. A. M.*, 3, 429

(2) Vers 1530 Jean Marquésan, étant sans enfants, adopta son neveu, *ex sorore*, Antoine Gandini, d'une famille de notaires Niçois. En 1534 nous trouvons que la maison de noble Antoine Gandini seigneur de Coaraze est estimée 102 florins. (Arch. Cam., *Donazioni delle Comunità*, vol. 20). En 1549, 23 décembre, il passe reconnaissance pour la part qu'il a en fief à Falicon et il porte encore son nom d'Antoine Gandino, avec la déclaration qu'il est fils adoptif de Jean Marquésan *eius avunculo* (Arch. Cam. *Consegnamenti*).

(3) En premières noces Catherine Grimaldi avait épousé Jean Travacca.

(4) Arch. Cam., *Consegn.*, P. Nitardi. 543, f⁰ 125. *Conti dei governatori*, Maz. 1.

(5) Ce nom se trouve écrit dans les documents *Litardi* ou *Nitardi*, quoique cette dernière soit la forme plus correcte. Ce Pierre Litardi doit être le grand-père d'autre Pierre Nitardi receveur des reconnaissances du duc de Savoie. Sur la porte de leur maison à Peille un écusson portait comme armoiries un N majuscule. Della Chiesa (*Corona reale di Savoia*, vol. 2, 51) a confondu le nom de *Litardi* et de *Leotardi* à propos d'Aspremont.

(6) Arch. Cam., *Consegn.*, vol 553.

branche, dont était *Jean* père de *Raymond* Chabaudi, vivant en 1282, et un autre *Raymond*, fils de celui-ci, témoin à l'acte de 1282, par lequel les hommes de Coaraze se soumirent à Paul Chabaudi leur seigneur [1].

Raymond, fils de Raymond, était mari d'Alasia, de la famille *de Cadeneda*; ils étaient coseigneurs de la Caïnée, et acquirent le reste de la seigneurie, le 7 septembre 1286, de Raymond et Guigues de St-Paul, seigneurs de Malaussène, Bonson et Revest [2].

Il en dériva deux branches, une finissant en la personne de *Villetta Augeria*, qui le 8 août 1373 vendit la moitié de la Caïnée à Pons de Ferres [3]; l'autre qui produisit Jacques Chabaudi, qui en 1454 vendit l'autre moitié aux Constantin [4].

VI.

Le premier tiers. — L'acte de vente de la bandite de Rével en 1311 et la répartition du tiers en douzièmes. — Diverses autres branches de Châteauneuf. — Les familles Astruga, Boveti et de Revest.

Nous devons maintenant passer à l'examen du premier tiers du fief de Châteauneuf, dérivant de Raymond seigneur de Villevieille dans l'acte de 1109.

---

(1) GIOFFREDO, *Storia A. M.*, 3, 530. On ne peut pas identifier R. fils de Jean avec R. seign. d'Aspremont, parce que R. père de celui-ci était déjà mort en 1271 (Arch. Mars.), tandis que R. père de R., de l'autre branche, était contemporain de son fils en 1282.

2) Arch. Cam., *Atti per feudi*, Maz. C. 1, n. 1, *parchemin*.

(3) Arch. di Stato, *Nizza*, Maz. 33, 1. Le mari de Villetta doit descendre de *P. Augerio*, notaire de Nice en 1306 (Arch. Com. de Nice, *F* 3) et être cet *Augerius de Augeriis* qui, le 17 sept. 1355 acheta de Pierre d'Illonza la vingtième partie de la haute et basse juridiction que celui-ci possédait sur le château, village, biens et rentes de la Caïnée et pour le prix de 140 livres *parvorum* (Arch. di Stato, *Nizza*, Maz. 33, 1 bis et Arch. de Marseille B. 505).

(4) Il existait à Cigale une branche des Chabaud. En 1368 le 18 avril nous trouvons noble R. Chabaudi de Cigale témoin au testament de Barnabon Grimaldi de Beuil. En 1363 il était son procureur dans les démêlés qu'il avait avec Antoine Doria possesseur de la quatrième partie des châteaux qu'il lui avait vendu en 1326. En 1484 Jacques Chabaudi est bailli de Cigale (Arch. Cam. *Reg. Nitardi*, vol. 544, 56). À Peille en 1404, le 10 nov. reconnaissance par noble Antoine Chabaud et par Bermond Bermont *alias* Laugeri, procureurs de la commune de Peille, en faveur de Raynaud Bonseigneur, d'une somme de 100 livres *parvorum* prêtée par ledit Bonseigneur à la commune (Arch. de Peille, C. 8).

: On a vu dans l'acte de partage de 1249, que ce tiers est tenu par les cinq frères de Châteauneuf, *Bertrand, Boniface, Bertrandet, Raymondet, Guillaumet,* dont les trois derniers sont encore sous la tutelle de Raybaud de Berre, probablement leur oncle maternel. Leur père, qu'on ne nomme pas, doit être le *Bonifacius de Castronovo,* un des principaux témoins dans le diplôme des privilèges de Nice du comte Sanche en 1210 [1]; le nom de Boniface est le nom plus répété dans cette branche et n'est que peu connu dans les autres. Entre Raymond de 1109 et Boniface de 1210 on ne peut supposer qu'une seule génération intermédiaire, par la raison que Raymond était le quatrième frère (le troisième *Pierre Autric,* chanoine, vivait encore en 1150), par conséquent il était fort jeune en 1109 : pareillement des fils de Boniface, trois sur cinq étaient mineurs en 1249. Malheureusement aucun document indique le nom de leur père, ni vient nous apprendre quels ont été les enfants de ces cinq frères.

A ce point-ci pourtant une pièce fort importante des archives de Turin [2], la vente de la bandite de Rével à la commune de Châteauneuf en 1311 et les hommages prêtés en 1271 au comte de Provence, nous indiquent de nombreux personnages de la famille, et nous permettent de les placer dans leur vraie position généalogique. Cette première pièce du 4 novembre 1311 est d'autant plus importante et utile, qu'elle nous apporte une répartition nouvelle du fief de Châteauneuf, soit une répartition par *douzièmes.*

Les seigneurs de Châteauneuf vendent aux représentants de la commune, Raymond Grinda, Olivier Lombard, Pierre Blanqui, Guillaume

---

(1) Gioffredo, *Storia A. M.,* 2, 242.

(2) V. document n. II. — Arch. Cam., *Titoli per feudi e ragioni d'acque,* Maz. 7, f° 455. Une autre copie se trouve au f° 479. Cet acte rédigé par le not. R. Ambrosii, fut copié le 24 avril 1363 par le notaire Étienne Bovis: par acte de ce jour nous voyons que sur la demande d'Étienne Lombard tuteur du fils de Pierre Lombard de Châteauneuf, de son vivant gardien des archives de Châteauneuf, *custodis scripturarum hominum universitatis dicti loci,* lequel avait perdu l'acte de 1311, Paul de Ponte juge de Nice ordonna à Jacques Gavaudani notaire de St-Maximin de faire les recherches dans les cartulaires de R. Ambrosii et de ses successeurs. De là est tiré ladite copie vers 1561.

Raymond, conseillés et autorisés par les conseillers de ladite commune Raynaud de Clans, Pierre Imberti, Jean et Guillaume Bermondi, la bandite de Rével, située sur le territoire de Châteauneuf entre le vallon et le territoire de Contes et celui de Tourrette, près de la fontaine d'Imbert, pour le prix d'une redevance annuelle de 12 livres *parvorum refforciatorum imperpetuum* payables à la Toussaint. Toutefois, sous la condition expresse que la commune ne pourra céder ladite bandite à toute personne étrangère à Châteauneuf, les vendeurs s'y réservent le droit de pâturage pour leurs troupeaux; leurs bergers paieront une part de ces 12 livres en proportion des bêtes qu'ils y tiendront en pâturage; pourtant ni les bœufs de labour ni les bêtes de somme n'auront à payer aucun droit. L'acte est fait à Nice dans la maison de Delphine Chabaud, Raymond Ambrosius notaire. Telles sont les clauses principales du contrat.

Les seigneurs qui prennent part à la vente, selon leur quote-part de juridiction, sont les suivants:

1° *François Badat* coseigneur, pour $1/12$ [1]: il comparaît en son nom et comme procureur de sa femme *Béatrix*.

2° *Delphine*, femme de feu *Boniface Chabaudi*, en son propre nom et comme tutrice de *Bérengère* et de *sa fille*, pour une autre part [2]. On voit parfaitement qu'elle ne fait pas mention de la juridiction maritale; elle comparaît au contraire pour représenter Bérangère, qui ne peut être que sa sœur, ainsi que sa fille, dont le nom n'est pas indiqué: les deux sœurs représentent donc $1/24$ chacune, total $1/12$.

3° *Isnard de Châteauneuf*, damoiseau, en son propre nom et en celui de *Pierre Boveti* chevalier, et ce en qualité de cousin de celui-ci, probablement parce que les droits de Boveti sur Châteauneuf lui venaient par mariage avec une cousine du seigneur [3]. Ils possèdent un autre $1/12$.

4° Viennent ensuite Jean Bermondi dit Caroni, procureur de *Jean de Revest* et de *Sibylle*, sa femme, ainsi que Guillaume Bré-

---

(1) ... *dominus pro duodecima parte castri et territorii Castrinovi.*

(2) ... *pro alia parte.*

(3) . . . *et nomine P. Boveti militis et pro ipso tanquam coniuncta persona domini pro alia parte.*

guet [1] tuteur [2] d'*Isnard de Châteauneuf, damoiseau*, fils de feu *Isnard de Châteauneuf* chevalier; ceux-ci ont une autre part, soit $^1/_{12}$.

On remarquera dans cet acte de vente que, malgré la présence d'une partie des propriétaires et les procurations données par les absents, les coseigneurs qui interviennent au nom de leurs femmes, ou comme mandataires, promettent la ratification de celles-ci ou de la personne qu'ils représentent, ainsi François Badat pour sa femme, Isnard de Châteauneuf pour Pierre Bovet, Jean Bermondi pour Jean de Revest et sa femme, Guillaume Bréguet pour le fils de son seigneur encore mineur, tandis que Delphine Chabaud, comme vraie dame du lieu, ne s'engage pas à faire ratifier l'acte par sa sœur.

Comme on le voit, les $^4/_{12}$, dont il est question dans la vente, font $^1/_3$ de la juridiction totale de Châteauneuf et la répartition doit dériver d'abord d'une division primordiale faite au commencement du XIIe siècle, ensuite de celle qui dût avoir lieu à la moitié du siècle suivant entre les frères Bertrand, Boniface, Bertrandet, Raymondet, Guillaumet; seulement, pour que la division soit exacte, il faut supposer qu'un de ces cinq frères n'aie pas eu d'enfants et qu'ils aient été en quatre à faire la division de la tierce partie du fief, en prenant chacun $^1/_{12}$ pour sa quote-part.

L'ordre dans lequel sont nommés les cinq frères dans l'acte de 1249, la consuétude de donner le prénom du grand-père au petit-fils, l'ordre dans lequel sont pareillement disposés les noms des coseigneurs dans l'acte de 1311, la règle féodale par laquelle à cette époque les filles prenaient leur part du fief dans le seul cas où il n'y eut pas de cohéritier mâle, nous ont conduit à plusieurs conclusions qu'on comprendra mieux en examinant la table généalogique, et qui sont les suivantes :

1° *Bertrand de Châteauneuf* serait père de *Boniface* qui en 1271 prête hommage à Charles II pour sa part de Châteauneuf et de Contes; celui-ci n'eut qu'une fille *Béatrix* épouse de *François Badat*. Ce dernier, qui fit en 1318 le testament que nous examinerons plus bas, fut père de

---

[1] Le nom dans le document est écrit *Bregue* et *Bregueti*.
[2] *... baiulus ut dicitur.*

Jourdan Badat marié à *Béatrix*, laquelle en 1344, étant veuve et héritière universelle de Jourdan Badat, vendit sa part de Châteauneuf et de Contes à *Geoffroi de Berre;*

2° *Boniface de Châteauneuf* serait père de *Bertrand*, qui en 1271 prête hommage pour Châteauneuf, Thoët et la Roquette-Var [1]; ce dernier aurait eu deux filles, *Delphine* et *Bérengère;* la première, nous le voyons par l'acte de partage, était mariée à *Boniface Chabaud*, leur fille *Béatrix* aurait épousé *Jourdan Badat*, nommé ci-dessus et descendant de l'autre branche; Bérengère serait peut-être morte sans descendants;

3° *Bertrandet de Châteauneuf* n'aurait pas eu de postérité;

4° *Raymondet de Châteauneuf* aurait eu Isnard, qui en 1271 prête hommage au comte de Provence pour Châteauneuf, Contes et le Broc; celui-ci serait père d'*Isnard*, damoiseau, nommé dans l'acte de partage. Autre fils de Raymondet serait *Jacques de Châteauneuf*, que nous trouvons en 1295 [2] et en 1306 [3]; sa femme se nommait *Sibylle* [4]; ils auraient eu une fille unique à laquelle serait échue une part de fief, qu'elle aurait porté par mariage à *Pierre Boveti;*

5° *Guillaumet de Châteauneuf* aurait eu pareillement deux fils: *Isnard* chevalier, père d'*Isnard*, damoiseau, nommé dans la vente de 1311; leur part de Châteauneuf serait passée par mariage à Hugues de Castellane, car en 1331 celui-ci comparaît la première fois comme coseigneur du fief avec Bertrand de Berre dans l'acte de transaction faite avec le prieur pour les dîmes de Châteauneuf, *nomine aliorum condominorum* [5]; l'autre fils serait *Raymond de Châteauneuf* qui prête hommage pour Chateauneuf et Contes en 1271; ce dernier serait père de Sibylle, qualifiée dans le même acte comme dame de Clans, de la

---

(1) Ce fief en 1252 appartenait à la famille des Bérenger; ce serait une raison pour penser que la femme de Bertrand de Châteauneuf était de cette famille, surtout en voyant à la génération suivante une cohéritière de Châteauneuf portant le prénom de Bérengère.

(2) Jacques de Châteauneuf jurisconsulte et Rostaing de Revest sont syndics de Nice en 1295 (Arch. Com. de Nice, *A*, 15).

(3) Arch. Com. de Nice, *F*, 3.

(4) *Obit. de la Cath. de Nice.* — On trouve au 5 de février: *Ob. domina Sibilia uxor quondam domini Jacobi de Castronovo.*

( ) Arch. Capit. de Nice, n. 80.

4 CAIS DE PIERLAS, *Le Fief de Châteauneuf.*

Tour, de Coaraze et de Châteauneuf, nommée ensuite dans l'acte de 1311 comme femme de Jean de Revest, auquel elle a porté une part du fief de Châteauneuf. Les Revest seraient donc devenus de cette façon cousins des Castellane.

Nous aurons une confirmation de cette dernière hypothèse, 1° par le fait de trouver en 1383 ces deux dernières familles possédant à Nice dans la ville haute deux maisons attenantes l'une à l'autre. *Jacobus de Revesto frater nobilis Johannis de Revesto militis, legum doctor, magister rationalis, filii Johannis de Revesto militis, legum doctoris magistri rationalis,* vend une maison *in villa superiori, loco vocato in platea inferiori, confrontante cum domo que fuit nobilis Bonifacii de Castellana* [1]; 2° parce que vers cette même époque les deux familles avaient ensemble le fief de Clans, lorsqu' elles se rebellèrent au comte de Savoie. Cela résulte par une patente de 1432 qui se trouve dans les comptes de Barthélemy Chabaud receveur général du comté, où se lisent les paroles suivantes: *Pater noster dicto Luquino (De Murris) dedit in perpetuum videlicet locum Clancii, cum mero et mixto imperio, redditibus et proventibus qui erant Florencii de Castellana et Jaumoni de Revesto de Aquis rebellium nostrorum et quas habebant et percipiebant in dicto loco, item duos tercios de S. Salvatore et dimidium Raimplacii, cum mero mixtoque imperio, qui erant Petri Balbi rebellis nostri, dictusque Octho, filius et heres dicti Luquini, de predictis donatis non tenuit nisi redditus Clancii* [2].

Telle est la répartition mathématique du fief de Châteauneuf, ainsi qu'elle résulte par les différentes pièces que nous avons eu la bonne chance de trouver. On voit par cela que la plus grande partie de la juridiction, dès les premières années du XIIIe siècle, passa par les femmes à d'autres familles, soit aux Chabaud, qui en eurent $^1/_3$; aux Badat, qui en eurent d'abord $^1/_{12}$, puis par le mariage de Jourdan Badat avec Béatrix Chabaud, qui en apporta $^1/_{24}$, ils en eurent $^1/_8$; les Boveti en eurent $^1/_{24}$; les Revest $^1/_{24}$.

A partir de cette époque les mariages apportèrent dans d'autres

---

(1) Arch. Com. de Nice, D. 10.
(2) Arch. Cam. *Conti di Barth. Chabodi,* vol. 7.

familles du comté de Nice des épaves du fief, car la nature du fief
paraît alors avoir changé et les filles doivent avoir commencé à cohé-
riter avec leurs frères ; en 1271 on trouve, outre les Châteauneuf,
les Chabaud et les autres coseigneurs déjà nommés, de nouvelles familles ayant part au fief, les Berre, les Astengo, la dame de Clans;
en 1311 les Boveti et les Revest.

Nous allons ajouter ici quelques mots au sujet de ces trois dernières familles, généralement peu connues.

Les *Astengo* paraissent dans notre ville à une époque fort reculée, car dans le cartulaire de la Cathédrale on trouve leur nom dès
l'année 1002 [1], ensuite vers la moitié du siècle suivant parmi les
tenanciers que Laugier de Gréolières y tenait au nom de l'évêque [2].

C'est une des plus anciennes familles consulaires, car Raymond
Asten a la charge de consul vers 1150 [3] et Foulque *Astenni* en
1164 [4] : c'est lui qui paraît dans la charte municipale de 1176 [5].

Ce nom a dû passer à la région des *Fosses*, qui se trouve au
sud du port de Saint-Jean de Villefranche et où l'évêque Archim-
bald, en 1078, cédait à l'abbaye de Saint-Pons l'église, *que est sita
in territorio que nominatur Olivum iuxta portum que nominant fossas
de Astingo* [6].

Comme on vient de l'observer, *Raymundus Astenchus* prête hommage en 1271 au comte de Provence *pro affari de Contes et Castrinovi*. Après cette époque les Astengo disparaissent de la vie
féodale.

La famille *Boveti*, dont le nom s'est transformé plus tard en
Boetti, est aussi mentionnée dans le cartulaire de la Cathédrale
en la personne de *Guigo Bovet*, vers 1078, qui signe comme témoin

---

(1) *Cart. Cath. de Nice,* 13.
(2) Ibid., 94.
(3) Ibid., 51.
(4) Ibid., 95.
(5) Arch. Com. de Nice, A. 1.
(6) Jofredi, *Nicea Civitas,* p. 163. — *Le XI* siècle *dans les A. M.,* p. 64.

à la donation des églises de Levens, la Roquette, le Villar et Mérindol par le vicomte Laugier Rostaing [1].

Vers 1260 le notaire Pierre Boveti écrit les statuts de la viguérie de Sospel [2]. Son petit-fils doit être Pierre Boveti coseigneur de Châteauneuf en 1311 et qui est lieutenant du viguier de Sospel en 1326 [3]. Raymond Boveti était à la même époque sous-viguier de Nice [4]. En 1405 on trouve encore *Ludovicus Boveti de Cespitello* [5]. En 1431 noble Antoine Boveti est témoin à la publication des Statuts de la viguerie de Sospel [6]. A la moitié du siècle la résidence de la famille était en effet dans cette ville; en 1480 *nobilis Johannes Boeti et Bonifacius recognoverunt unam turrim sitam in castro Sospitelli iuxta carreriam et iuxta palatium episcopi* [7]. Ces deux frères, qui descendaient évidemment de Pierre Boveti chevalier en 1311, vendirent le 5 septembre 1461 à Raphaël Martini une part de Châteauneuf et le 8 mai 1468 aux syndics de Contes, agissant au nom du duc de Savoie un tiers de ce fief qu'ils possédaient par indivis avec Ludovic Grallieri: l'acte est passé à Sospel *in platea Merlansoni prope pontem* [8].

La famille de Revest présente moins de facilité pour son identification; il y a cependant bien des motifs pour lui assigner comme tige les vicomtes de Nice, peut-être même les seigneurs de Gréolières qui formèrent deux branches principales: celle-ci qui se distingua par le titre de Revest et une autre par celui des Ferres [9].

En effet, la famille de Revest portait le nom de *Laugier*, quoique très rarement on l'écrivît dans les actes; cependant dans le testament fait en 1385 [10] par noble dame Delphine Ranulphi de Gilette,

---

(1) *Cart. Cath. de Nice*, 7.

(2) CAIS DE PIERLAS, *Statuts du comté de Vintimille et val de Lantosque*, préf. p. 8 et art. 18 et 19.

(3) GIOFFREDO, *St. A. M.*, 3, 107.

(4) Ibid., p. 118. Gioffredo a écrit fautivement *Boneti*.

(5) Arch. Cam., *Conti di Giovanni Maleti ricevitore generale*, rotolo 1.

(6) *Statuts du comté de Vintimille et val de Lantosque*, p. 108.

(7) Arch, Cam., *Consegn.*, vol, 544, 75.

(8) Arch. di Stato, *Nizza*, Mazzo 34.

(9) Le village de Revest qui donna le nom à cette famille ne paraît être celui qui se trouvait à l'embouchure du Var et de la Tinée, ni celui qui a formé la commune de Tourrette-Revest, mais Revest près de Roquebrune, arrondissement de Fréjus.

(10) Arch. Capit. de Nice.

celle-ci est qualifiée de *Delphina de Revesto alias Laugeri;* elle est fille de *quondam nobilis Johannis de Revesto* et sœur de Jacques.

Ce Jean de Revest, père de Delphine, avait un frère du nom de Jacques, qui en 1383 vendit sa maison de Nice comme nous l'avons dit ci-dessus [1].

Le père du vendeur se trouve en 1353 qualifié de chevalier et lieutenant du juge mage de Provence sur les lettres patentes du sénéchal dont il fait à Nice les publications [2]; il est sans doute fils de Jean de Revest et de Sibylle de Châteauneuf.

En 1301 on trouve encore à Nice Rostaing de Revest qui en 1298 était syndic de la ville [3].

Arrivés à ce point on ne trouve pas d'autres seigneurs de Revest et on est porté à croire que ce titre a été pris pour distinguer cette branche de celle des Ferres qui commençait à paraître alors en la personne de Pons des Ferres; il faudrait encore remonter et trouver le point d'attache de ces deux branches, ainsi que de celles des seigneurs d'Eze et de la Turbie avec les Laugier de Gréolières et avec Bertrand Laugier qui possédait Levens en 1109 Nous nous contenterons de donner le tableau suivant des principaux personnages et fiefs de la famille, qui indiquent les sources principales de notre opinion.

1180. *Raymond Laugier* seigneur de Dosfrayres [4].

1210. *Raymond Laugier* de Carros jure fidélité au comte Sanche qui confirme les privilèges municipaux de la ville de Nice [5]. En 1235 il est seigneur de Dosfrayres, Bezaudun et Bouyon [6]. En 1252 il est seigneur de Bezaudun et Coursegoules [7].

---

(1) Arch. Com. de Nice. D. 10. Le seigneur de Revest qui en 1388 fut dépossédé de Clans avec Florent de Castellane, est bien qualifié *de Aquis*, mais cette formule n'indiquait que la résidence. En 1320 autre Jean de Revest seigneur de Lambesc avait prêté hommage pour Clans. (*Arch. de Marseille*, B. 757).

(2) *Statuts du comté de Vintimille et val de Lantosque*, p. 124, *Appendice*, doc. VI.

(3) Arch. Com. de Nice, A 10 et 15.

(4) RAYNOUARD, *Choix des poésies des Troubadours*, vol. 5, 111.

(5) GIOFFREDO, *St. A. M.*, vol. 2, 242.

(6) Ibid., vol. 2, 331.

(7) Arch. di Stato, *Nizza*, Mazzo 3.

1210. *Faraud Laugier* et *Bertrand Laugier* (probablement son fils) jurent fidélité au comte Sanche [1].

1235. *Bertrand Laugier*, neveu de *Raymond Laugier*, seigneur de Dosfrayres et Bezaudun [2].

1245, 1256, 1271. *Faraud* et *Rostaing* d'Eze, seigneur de la Turbie et de Berre [3].

1297. *Raymond Laugier* et son fils *Riquieret Laugier* vendent Roquebrune et Villepeys à Guillaume d'Hyères seigneur de Revest [4].

1298. *Guillaume d'Hyères* seigneur de Revest est investi des fiefs qu'il a acquis [5].

1300. *Raymond Laugier* seigneur de la Turbie [6].

1323. *Raymond Laugier* achète la moitié de Pierrefeu (*Alpes Maritimes*) de Hugues Travacca et en est investi [7].

1329. *Riquieret Laugier* fils de *Raymond Laugier* ayant vendu la Turbie à Daniel Marquésan pour 2000 livres de reforciat, celui-ci en prête hommage [8].

1330. *Rostaing de Revest.* — 1331. *Rostaing de Conségudes.*

1335. *Laugier de Carros*, seigneur de Carros.

VII.

La famille Badat. — Le testament de François Badat, seigneur de Châteauneuf, en 1318.

Pour éclaircir les divisions du fief de Châteauneuf nous allons maintenant étudier ce qu'était la famille Badat, qui pendant quelque temps en eut la possession et analyser une autre pièce fort importante,

---

(1) Gioffredo, *Storia A. M.* vol. 2, 242.
(2) Ibid., vol. 2, 331.
(3) Arch. de Marseille, B. 754.
(4) Ibid., 401 et 599.
(5) Ibid., 407.
(6) Ibid.. 412, 415 et 598.
(7) Ibid., 458 et 459.
(8) Ibid., 476.

le testament fait en 1318 par François Badat, à qui une part de la seigneurie de Châteauneuf était parvenue par sa femme [1].

On doit classer la famille Badat parmi les *familles consulaires* [2], il est vrai, mais comme une des plus anciennes de la ville de Nice. Elle paraît descendre d'un *Petrus Badalt* témoin en 1074 [3]. Ensuite dans le cartulaire de la cathédrale sont registrés, depuis l'année 1125, de nombreux personnages portant le nom de *Bada, Badats, Badadus, Badatus, Badati* [4].

De 1144 à 1184 il s'y trouve neuf consuls : Guillaume, qui l'était en 1144 [5], est le premier magistrat consulaire, qui paraisse dans l'histoire de Nice [6].

Ces chartes ne donnent aucune indication généalogique, à l'exception *des suivantes.*

Dans la donation faite en 1136 par Ausan à l'hôpital de Nice on lit parmi les noms des témoins celui de Milon Badat et celui de *Bernardus gener ipsius* [7]. Milon Badat, outre la fille mariée au consul Bernard, avait un fils portant le nom de Foulque [8]. Ce dernier fut consul en 1152 et 1157 [9], deux dates très importantes pour la vie communale de notre cité, car il y eut alors les plus notables transactions entre la commune et l'évêque.

La position éminente de ce consul nous est confirmée par le fait que sa femme était fille d'un haut et puissant personnage, Isnard *de Dalfino,* ainsi qu'il résulte par le plaid qui eut lieu vers 1147 devant les consuls Niçois et en présence d'une très grande affluence de la population, à propos d'une pièce de terre sise dans la région de Roque-

---

(1) V. doc. n. IV. Je dois cette pièce au chev^{er} Gabriel Alberti de la Briga, qui la possède par copie.

(2) *Cart. Cath. de Nice,* préf. p. XXVII.

(3) *Cart. de Lérins,* p. 157.

(4) Ce sont : Etienne vers 1125, Milon en 1136, Raymond chanoine en 1135, Guillaume consul en 1144 etc. V. *l'index nominum* du *Cart. Cath. de Nice,* p. 137.

(5) *Cart. Cath. de Nice,* n. 47.

(6) *Le XIe siècle dans les A. M.,* p. 88.

(7) Ce Bernard était consul en 1157. *Cart. Cath. de Nice,* 65, 26, 59.

(8) *Ibid.,* 27.

(9) *Ibid.,* 30, 87.

billère, que l'église contestait aux fils et aux filles d'Isnard [1]. En 1153 il y eut un autre jugement prononcé par l'évêque d'Embrun, où nous voyons qu'il s'agit de *Fulconi et Isnardo de Dalfino cognato suo* [2].

Or, cette famille de Dauphin était très haut placée : en 1208 Raybaud de Dauphin est témoin à l'entrée de Guillaume de Forcalquier dans l'ordre du Temple [3] et en 1210 il prête un serment spécial au comte Sanche d'Aragon, qui confirmait les privilèges de la ville de Nice [4].

En 1220, dans la sentence arbitrale entre le comte Raymond Bérenger et Guillaume de Sabran, c'est *Raimbaldus de Dalphino* qui est un des arbitres : Guillaume de Sabran devait avoir Forcalquier avec tout son bailliage, à l'exception du *Castro Dalphino*, Niozelle, Pertuis, etc. [5].

Nous serions donc portés à croire que le nom de cette famille lui vint précisément du château du même nom qu'elle devait posséder dans le comté de Forcalquier.

Nous trouvons encore à Nice un peu plus tard, en 1304, *Isnardus de Dalfino* vicaire du juge [6].

Le consul Foulque Badat, dons nous avons parlé, était en 1152 classé parmi les vassaux de l'église de Nice [7].

Une autre charte donne le nom de trois Badat, qualifiés de frères en 1184 : Bertrand, Milon et Foulque [8]. Gioffredo à plusieurs reprises, de 1189 à 1210, cite leurs noms, et les archives de Gênes nous ont fourni sur eux de précieux détails.

C'est une note du 11 décembre 1229 ainsi conçue : *Nos Rambaldus Baraterius et Bertrandus Rambaldus cives Nicie fatemur*

---

(1) *Breve recordacionis placiti qualiter Milo Badatus pro filio Isnardi Dalfini quam filius eius duxerat.* (*Cart. Cath.*, 62). Ce fils était Foulque, comme on l'a vu plus haut. En 1333 on trouve la reconnaissance passée par *Johannes Dalfini, pro quadam turri sita in burgo S. Poncii iuxta hospitale Badatorum et viam et barrium Jordani Badati.* (Arch. Cam. *Cod. Leopardus*).
(2) *Cart. Cath. de Nice*, 101.
(3) Papon, *Hist. de Provence*, 2, 36.
(4) Gioffredo, *Storia A. M.*, 2, 242.
(5) Bouche, *Hist. de Provence*, 1, 854.
(6) Arch. Com. de Nice, A. 21.
(7) *Cart. Cath. de Nice*, 30.
(8) Ibid., 93.

habuisse a te Simone Vento filio quondam Simonis Venti pro arris sponsalitiis libras 400 Janue pro matrimonio contrahendo inter unum de filiis tuis, videlicet Albertinum vel Uguetum et Dulcia filia quondam Mili Badati et nepte mei Bertranni; pro cuius dote promittimus tibi nos facturos ut solvantur tibi libras mille. Actum Janue in domo Simonis Venti et fratris eius. Testes Manuel comes de Vintimillio, Simon Margonus, Willelmus Ventus [1]. Il paraît par ceci que Douce [2] fille de Milon Badat devait épouser un Vento et que Milon Badat avait pour femme la sœur de Bertrand Raimbaud.

Peut-être le nom de cette dame Badat était Tiburge, celle que François Badat qualifie d'aïeule dans son testament. Les alliances de la famille Badat ne pouvaient pas être plus élevées que celles-ci, qui l'apparentaient aux coseigneurs de Menton, aux vicomtes de Nice, à de puissantes familles féodales.

Le testament de François Badat, riche de données généalogiques, porte la date de 18 février 1318.

On a vu dans l'acte de vente de 1311 que ce même Badat est coseigneur de Châteauneuf pour un douzième du fief et du territoire, en son nom propre et en celui de sa femme Béatrix de Châteauneuf. Le testateur nous dit pareillement que Béatrix est sa femme: il se déclare fils de noble damoiseau Jourdan Badat; il fait des legs pieux fort nombreux à l'église des Frères Mineurs de Nice, où est enterré son père, à l'église de Sainte-Marie, au couvent des Frères Prêcheurs, au couvent de Notre Dame du Carmel, au couvent des Frères Augustins, au couvent des religieuses de Nice, à chacun des différents hôpitaux des pauvres; finalement pour le maintien de la barque des hospitaliers du Var et pour la dotation de filles pauvres.

Comme héritier de sa mère, il reconnaît d'être encore débiteur, avec Antoine son frère, de certains legs, surtout de celui de 10 livres de

---

(1) Arch. di Stato di Genova, *Liber notariorum.*
(2) Autre Douce Badat est mentionnée dans le testament de R. Chabaudi, mais elle est fille d'Augier.

Gênes à chacun des hôpitaux de Nice, sauf à ceux du Saint-Esprit et de Saint-Martin.

Comme héritier de son père, il doit une certaine somme à l'hôpital *de portali rusticorum*, ainsi qu'à d'autres hôpitaux de la ville, plus un legs de 100 sous de reforciat que son père avait fait à feu Raymond évêque de Nice [1].

Il reconnaît ensuite de devoir encore le paiement des legs faits par son aïeule Tiburge, exception faite de ceux en faveur des Frères Augustins de Grasse et des Frères Mineurs de Nice qu'il a déja soldés en son nom et en celui de la dame de Cabris [2], ainsi qu'il résulte par l'acquit de Raymond Ambroise notaire de Nice.

La mention qu'il fait d'une somme de 20 livres qu'il doit à la femme de Raymond de Cabris [3], damoiseau, pour la part du prix de la maison vendue au chirurgien Jean de Portu [4] et pour les intérêts des biens de dame Tiburge, indiquent suffisamment que la dame de Cabris était sœur de son père.

Parmi les dettes qu'il reconnaît, on remarque celle de 100 *gillatos argenti* envers Jean Roux chapelain de Villefranche, lequel retenait en gage un gobelet appartenant à sa femme; il doit une somme égale et un florin d'or à Geoffroi Torcati jurisconsulte de Nice qui retenait en gage deux tasses en argent de sa femme; il doit payer les dépenses faites dans le laboratoire de Thomassin apothicaire pour la maladie de son père; pour les travaux et les écritures faites par le notaire Ambroise il s'en remet à ce que jugera Jourdan Sardina jurisconsulte. Il possède à Nice par tierce part une maison à la région du Collet, la seigneurie et les services des maisons sises au sommet de la Cortina et qui lui sont parvenues par Tiburge, une maison dans

---

(1) Cet évêque est nommé *Rostaing* par Gioffredo (*Nic. Civ.*, p. 185); mais ailleurs (*Storia A. M.*, vol. 3, p. 32 et 68) il corrige lui-même cette erreur et dit que Rostaing n'à jamais existé et que Raymond siegea pendant 14 ans.

(2) En 1325 Raybaude fille du notaire Bérenger Ambrosii et son mari Pierre de Faucon vendirent à Andaron Grimaldi pour le prix de 500 livres de reforciat la juridiction et les biens qu'ils possédaient a Saint-Etienne et Isola, Raymond Cays notaire; sont témoins Bertrand Badat notaire et Foulque Badat. (V. *Le XIe siècle dans les Alpes Maritimes*, p. 33).

(3) De la famille des seigneuis de Grasse.

(4) Il s'agit peut être de Jean de Port-Maurice.

la rue *Mersaria*, où jadis demeurait maître Ruffin orfèvre, une maison près du pont du Paillon et près du canal du moulin *de mari* [1] ; tous ces biens et les autres services qu'il possède sur le territoire de Nice seront vendus, à l'exception de ceux *de Bosco* [2], et la somme qu'on en retirera sera affectée au paiement de ses dettes et des legs qu'il a fait.

Il lègue à Béatrix, sa femme, l'usufruit de sa fortune et de 150 livres de Gênes, à la condition qu'elle vivra sans se remarier, *quamdiu honeste vixerit sine marito* et la nomme tutrice de ses enfants sans charge d'inventaire ou de rendement de comptes.

Il institue son héritier particulier pour 100 livres de reforciat François son fils cadet et déclare que si sa femme, qui est enceinte, aura un garçon, celui-ci héritera d'une somme égale.

Il institue comme héritier universel son fils aîné Jourdan.

Il substitue à ses enfants, Asturgue, femme de Raymond de Cabris, et Béatrix, sa femme, par égales parties.

Le testament est fait par Antoine Richardi, notaire, à la présence de Raymond Ambroise, Bermond de Bermondis, François Badat, Bertrand de Berre, Isnard de Châteauneuf, Pierre de Pavia [3], etc.

Tel est cet intéressant testament d'un des plus grands seigneurs de Nice à cette époque, qui servira de trait d'union pour plusieurs faits importants de l'histoire de la famille Badat et du fief de Châteauneuf.

Disons d'abord que le fils posthume de François Badat fut Antoine, lequel au 1er août 1341 était témoin au testament de noble Delphine Peleta, veuve de Jean Peleti de Nice, qui instituait comme héritier universel *Antonium Ruphi suum consanguineum* [4].

---

(1) Quoique le nom *de Mari* soit Niçois et qu'il existe un *Obertus de Mare* vers 1150 (*Cart. Cath. de Nice*, 36), nous ne croyons pas qu'il s'agisse ici d'un nom de famille, mais de région ; soit du moulin *de la mer*, que nous trouvons aussi nommé *de maritima*.

(2) C'est une localité située sur la rive droite du Paillon encore appelée maintenant *la virada deu buosc*. La famille de Solaro y possédait un moulin en 1418. (Arch. di Stato Prot. segr. duc. Bombat, vol. 69, f. 484.

(3) Cette famille portait aussi le nom de *Prelhaschi*. Nous citerons à ce propos la note suivante de l'*Obituaire de la Cathédrale de Nice*: 19 mai 1496. *Ob. honorabilis Franciscus de Preliasco alias de Pavia.*

(4) *Nob. Anthonius Badati filius nob. Francisci Badati quondam de Nicia*, Recueil Ms. Niçois, 2, 256.

Jourdan Badat, fils de François, nous le trouvons en 1831 et 1333 coseigneur d'Eze avec Brunor et Marin Riquieri [1]. Il a eu pour femme Béatrix; ils sont tous les deux nommés dans l'obituaire de la cathédrale [2]. En 1340 ils construisirent dans la cathédrale les chapelles de Saint-Pierre et de Saint-Honorat [3].

En 1344 sa femme est veuve; elle vend les parts qu'elle possède sur Châteauneuf et Contes à Geoffroi de Berre et elle est qualifiée de *nobilis Beatrix uxor et heres universalis nobilis Jordani Badati quondam de Nicia;* le 22 mai de cette année le nouvel acquéreur prête hommage au sénéchal de Provence, Hugues de Baux comte d'Avellino, à Avignon, *in domo Nigri de Mediolano,* où habite le sénéchal [4]. Jourdan Badat n'ayant pas de successeurs avait nommé sa femme héritière universelle, mais il avait très probablement laissé à Andaron son cousin sa part du fief d'Eze que ce dernier possède en 1372.

Béatrix Badat vécut jusqu'en 1345; elle légua en cette année 30 livres aux Frères Mineurs de Nice, d'après la déclaration faite en 1665 par le gardien du couvent, Gabriel Maynardi, dans le vidimus de la donation d'Augier Badat à ce même couvent en 1251 [5].

Notons en passant que par les divers documents que nous venons de citer, il résulte que *François,* père de Jourdan Badat, avait épousé *Béatrix de Châteauneuf* héritière de la branche de Bertrand et avait commencé par avoir ainsi un douzième du fief; *Jourdan Badat* à son tour avait épousé *Béatrix Chabaudi,* fille de Boniface Chabaudi et de Delphine de Châteauneuf, de la branche de Boniface; cette der-

---

(1) Arch. Cam., *Cod. Leopardus,* f° 38, v°.

(2) *Obit. Cath. de Nice,* 26 oct. *Ob. domina Beatrix Badada uxor nobilis Jordani Badadi.*

(3) Arch. Capit. de Nice.

(4) Bibl. Royale de Turin, *Ms.,* vol. 108, 29; copie originale de 1562, timbrée du sceau de l'évêque de Nice François Lambert.

(5) *Transiit ad feminas huius prosapie ista in nos pietas; Beatricem presertim et Borgiam Badati; quorum illa, anno Domini 1345, nostro conventui legavit 30 libras, ista vero peregrinatum Romam, anno 1400, nobis legavit florenos auri 30, ut ex nostri archivii pergamenis chartis sat constat. Datum Nicie in nostro sancti Francisci conventu anno Domini 1665, die 25 januarii. Fr. Gabriel Mainardi guardianus.* (Recueil Ms. Niçois 2, 92). Gioffredo se trompe donc lorsqu'il met en 1250 la donation ci-dess

nière dame Badat, comme nous l'avons déjà vu, possédait en 1311 un tiers du fief de Châteauneuf, et elle le tenait au nom de Bérengère sa sœur et en celui de sa fille: c'est la Béatrix qui a fait le legs aux Frères Mineurs en 1250.

On voit donc que les mariages successifs des deux Badat avec deux héritières portèrent dans leur maison une forte portion du fief [1] et que celle-ci, par la vente indiquée, alla augmenter ce que les Berre y possédaient déjà en 1271.

Une autre dame du nom de Béatrix est la femme d'Antoine Badat, que son frère, François Badat, nomme dans son testament de 1318. Elle était de la famille des Bérenger seigneurs de la Roquette du Var [2]; nous l'apprenons par un jugement prononcé par la cour épiscopale en 1329 au sujet des démêlés de l'église de Nice avec Jacques Badat son fils pour certains legs de sa mère: il est qualifié de *heres universalis nobilis domine domine Beatricis Berengarie* [3].

---

(1) Soit $^1/_3$ et $^1/_{12}$, ce qui faisait trois neuvains et quart.

(2) On trouve la famille de Bérenger parmi celles qui en 1250 refusaient de payer certaines charges dues par les habitants de Nice (Giof., 2. 400). Ils étaient seigneurs de la Roquette du Var; en 1252, le 22 oct., fut faite la délimitation du territoire de Levens et de la Roquette entre Guillaume Riquieri, Jeannet son frère et François son neveu, seigneurs de Levens d'un côté et Foulque et Bertrand Bérenger seigneurs de la Roquette de l'autre; les arbitres étaient Tournafort de Lantosque chevalier et Bertrand Geoffroi, avec le conseil d'André de Ponteirolo juge de Nice (Bibl. Royale, Ms. 59, 153). — En 1277 Adélaïde femme de feu Bérenger de la Roquette au nom de ses enfants, Béatrix (prob. la future femme d'Antoine Badat), Guillaume, Bertrand et Raymond vendent à R. Geoffroi une terre sise à la Roquette près du vallon de St-Blaise; fait à Nice dans la maison de P. Sardina (Ib. 180). En 1228 au 25 nov. R. Bérenger coseigneur de la Roquette est témoin à l'acte d'hommage des vassaux de Foulque Ranulphi seigneur de Dosfrayres et de la Roquette. (Ibid., 36, 40). En 1335 au 20 mai Foulque Bérenger fils de Foulque et son frère Jean, Guillaume, Bérenger et Foulque son frère, tous les deux fils de Rixende, ainsi que nobles Foulque Ranulphi, R. et G. Gaufridi et Jean Gaufridi fils de Bertrand, tous coseigneurs de la Roquette font une convention pour la conservation des forêts (Ibid., 45). En 1339 au 2 mai Foulque Bérenger et Huguette, sa femme, vendent une part de la Roquette à Foulque Ranulphi seigneur de Dosfraires, Gillette, Broc et Bonson (Arch. Cam.). En 1396 le 16 novembre noble R. Bérenger notaire et sa femme Huguette, coseigneurs de la Roquette vendent une part de leur seigneurie à Jacques Ferandi de Roquesparvière châtelain dudit château de Roquesparvière; fait à la Roquette par le notaire Geoffroi Cayssii coseigneur de la Roquette; sa famille était venue de Val de Bloure à Levens; il possédait avec sa femme Aycarde en 1389 à la Roquette, *banna, pasqueria, tasqua et trezena et alia iura*, que leur héritier Jacques Giraudi vendit en 1425 le 25 février pour 25 fl. d'or à Honoré Marquésan seigneur de Coaraze. (Ibid., vol. 140, 148 et 61, 36, 38).

(3) V. Document n. V; tiré d'un vieux recueil ms. Niçois, vol. 2, pag. 93.

Jacques Badat a fait un grand mariage: il a épousé Béatrix Grimaldi de Beuil, fille d'Andaron.

C'est par induction que nous le croyons; car le fils de Jacques portait le nom d'Andaron, celui du grand-père, et Barnabas Grimaldi qualifie celui-ci de neveu dans son testament du 18 avril 1368 et le substitue à ses enfants dans le cas de leur mort, avec l'obligation de prendre le nom et les armes des Grimaldi[1].

Jacques Badat, outre Andaron, eut une fille *Béatrix,* qui mourut le même jour que son père, d'après la mention qu'on en trouve dans l'Obituaire de la cathédrale au 2S avril: *Obiit nobilis Jacobus Badati et Byatriseta eius filia... unum ospicium in Sabataria.*

Andaron Badat avait épousé Philippine de Ferris, morte le 6 avril 1377[2]. Il eut les enfants suivants: Pierre, juge de la viguerie de Puget, en 1437; Barthélemi viguier de Sospel, en 1447; Ludovic, abbé de Saint-Pons, puis évêque de Nice, mort vers l'an 1445, le 9 juin[3]; Tiburge, soit Borga, qui étant veuve de Pons Laugier de Ferris, seigneur du Broc, fit son testament en 1400 ne laissant qu'une seule fille, Delphine[4]; Marguerite, dernière fille d'Andaron Badat, épousa Ludovic Cays[5], dont le fils unique, Antoine, eut par droit maternel la part de coseigneurie de Saint-Sauveur qui avait été originairement de Pierre Balb[6].

Andaron, qui possédait avec les Riquieri le fief d'Eze, le 5 juillet 1373 cédait à la cour royale, pour le prix de 400 florins, la part

---

(1) Cfr. GIOFFREDO, *Storia A. M.,* 3, 133, 341.

(2) Apr. 6. *Obiit nobilis domina Philipa de Ferris uxor nobilis Andaroti Badati* **M°CCC°LXXVII.** (*Obit. Cath. de Nice*).

(3) *Obit Cath. de Nice.*

(4) Arch. Capit. de Nice. Gioffredo dit fautivement que Borgia est sœur d'Andarot.

(5) Il fit son testament le 19 janv. 1393 (Bibl. Royale, Ms. vol. 9 *répertoire de Gioffredo*).

(6) Dans l'acte de reconnaissance de l'année 1473 il est dit, que la juridiction de Saint-Sauveur était... *quondam domini Petri Balbi pro maxima parte et pro certa alia parte nobilis Anthonii Chayssii... et ipse quondam Petrus Balbi decesisset sine heredibus... et inde prefatus nobilis Antonius Chayssii et Margarita eius mater partem et iurisdictionem quam habebant in ipso loco de Sancto Salvatore vendiderunt Andreae Raymberti de Sancto Stephano* (Arch. Cam., *Consegn.,* vol, 543). La vente d'Antoine Cays aux Raymberti fut faite le 6 avril 1416, notaire Raymond Blanqui de Adalosio.

qu'il y avait [1] : et achetait la part de Saint-Sauveur, qui avait été confisquée à Pierre Balb seigneur de Val de Bloure.

Depuis lors nous ne trouvons plus parmi les seigneurs d'Eze que les familles Riquieri et Blacas. La première possédait ce fief avant l'année 1198 [2].

En 1333 la reconnaissance du fief d'Eze est la suivante : *De Ysa. Curia regia habet in ipso castro maius dominium, merum imperium et regalia; de mixto autem imperio domini Brunetus Riquerii et Marinus Riquerii et Jordanus Badati ipso in presenti utuntur* [3]. Jacques Badat, ou son père, ne sont pas indiqués dans cet acte comme copropriétaires du fief, mais Jourdan Badat étant mort sans enfants, sa femme aura laissé une partie de son héritage à Jacques Badat son cousin. À cette époque paraît à Eze une nouvelle famille, celle de Blacas. Gioffredo l'y nomme dès 1350 ; d'autre part, vers 1360, nous trouvons Raymond Blacas, damoiseau de Nice, prêtant hommage à la reine Jeanne comtesse de Provence pour la troisième partie indivise des droits seigneuriaux d'Eze et de son territoire [4]. Ce ne peut être que par la succession de Brunet ou de Marin Riquieri que ce fief lui est parvenu, puisqu'un peu plus tard, soit en 1414, les Riquieri sont réduits à un seul individu et les Blacas à deux. Par un acte de cette année, du 7 février, Raymond et Antoine Blacas et Bertrand Riquieri vendirent au duc de Savoie les droits qu'ils avaient par indivis sur Mérindol, Laguet et la troisième partie de Drap; il sont tous les trois qualifiés de seigneurs d'Eze [7]. Ils le sont pareillement le 7 septembre suivant dans la sentence arbitrale proférée par Jean de la Chambre,

---

(1) Arch. di Stato, *Nizza*, Maz, 38 et Arch. de Marseille, B. 574.

(2) CAIS DE PIERLAS. *Le testament de Jourdan Riquieri au XII* siècle*, p. 12.

(3) Ibid. On voit par ceci, que la famille Badat a eu Eze antérieurement à la donation que Gioffredo dit avoir été faite à Andaron par le roi Charles. Cfr. GIOFFREDO, *Storia A. M.*, vol. 3, 426, 433.

(4) Arch. de Marseille, B. 759.

(5) Arch. Cam., vol. 538, *Cod. Leopardus*.

(6) En 1360 et en 1391 Gioffredo cite deux Raymond Blacas, seigneurs d'Eze (GIOFFREDO, *Storia A. M.*, vol. 3, pag. 309, 576). Le premier, *R. Blaquacii*, est syndic de Nice en 1340 (Arch. Com. de Nice, B. 5).

(7) Arch. di Stato, *Nizza*, Maz. 10, 3.

gouverneur de Nice, au sujet des querelles qui existaient entre les trois susdits seigneurs et la commune d'Eze [1].

En 1384 Charles III avait donné à Jean *de Roncaiolo*, citoyen de Nice, la châtellénie d'Eze en gage pour 3500 florins d'or qu'il avait dépensés pour l'armement d'une galère [2].

En 1388 Roncariol céda Eze au comte de Savoie qui s'obligea à rembourser la somme engagée et à restituer le château dans le cas où le roi Ladislas lui rachèterait la ville de Nice [3].

Le 24 avril la dette du comte de Savoie fut soldée à Dominique Roncariol fils de Jean [4].

Ces différents actes sont confirmés par l'article suivant de l'année 1431 qui se trouve dans les comptes de Barthélemy Chabaud receveur général du comté de Nice [5]: *Libravit Cipriano de Roncalholio recipienti nomine suo proprio et Millanny filii quondam Dominici, fratris dicti Cipriani, quibus dominus, actenta remissione eidem domino nostro per dominos Ciprianum et Dominicum facta de castro dominii Esie, per inclite recordie serenissimi principis avunculum domini carissimum dominum Carolum III Jherusalem et Sicilie regem in pignus tradito fideli domino Johanni de Roncalholio, civi Nycie, dicti Cipriani et Dominici patris pro 3500 florenis, datum Neapoli anno 1384, die 18 mensis aprilis ; in quibus perprius dictus dominus rex domino Johanni tenebatur,...* on lui accorde 800 florins sur le subside que doivent accorder les états. On cite à l'appui les lettres ducales données à Thonon le 24 avril 1426, dans lesquelles on expose que la reine Marguerite de Hongrie, par lettres du 5 janvier 1387 avait constitué ledit Jean de Roncalholio et ses descendants châtelains perpétuels, dudit château ; qu'ensuite le comte Amédée de Savoie par lettres patentes données à Nice le 28 octobre 1388, par Pierre Duc, avait promis, *quod si contingerit lapso triennio tunc incohato civitatem Nycie et alias terras nostras Provincie sibi rema-*

---

(1) Arch. Cam., *Consegn.*, vol. 536, f° 126.

(2) Arch. St. *Nizza*, mazzo 38. — Gioffredo, 3, 421, et 440, parle de 1140 florins.

(3) Arch. St. *Nizza*, mazzo 38.

(4) Ibid.

(5) Arch. Cam., *Conti ricevitori generali*, vol. 8.

nerent, quod ipse eo casu solveret dictos 3500 florenos, prout ab eo fidem faceret legitimam illos sibi deberi.

En 1493 Bertrand Riquieri, petit-fils de l'autre Bertrand qui avait vendu ses droits à la maison de Savoie, quoique demeurant encore à Eze, *in castro Isie in aula domus nobilis Bertrandi Richerii civis Nicie,* n'y possédait que des services et des biens [1].

Nous devons maintenant remonter de deux siècles dans la généalogie Badat. On a vu dans le testament de Raymond Chabaudi en 1223, Astruga, sa sœur épouse d'Augier Badat.

Un autre Augier est plusieurs fois cité par Gioffredo en 1270 et 1274; en 1271 il prêtait hommage au comte de Provence pour sa part du fief de Carros [2]; il avait probablement pour fils Marin Badat cité en 1274; ce dernier avait pour femme Béatrix qui en 1280 fit son testament, auquel elle ajouta un codicille en 1310 [3]. On apprend par cet acte qu'elle a des nombreux enfants qu'elle institue ses héritiers: Augier, Bertrand, Franc, Marin, Philippe, Isnardet et Béatrisette: elle exclut de la succession son fils Bérenger [4].

De tous ses enfants, Bertrand se retrouve à Nice en 1333 [5]; il a un fils Luconus en 1365; Isnardet, damoiseau, en 1302 est témoin de l'achat des $^7/_{10}$ du moulin de Longchamp par Milon Badat de Guillaume Cagnolinus [6] de sa femme Béatrix et de Pierre son fils [7]; Marin en 1318 est devenu chanoine de Glandevès.

La cour succéda donc peu à peu presque entièrement aux familles des anciens seigneurs et elle y exerça pour son compte le mère et mixte empire, ainsi que sur le *territorio inhabitato de Lagues et de Merindol et in territorio de Drappo, que territoria sunt comunitatis Isie.* C'est ce qui résulte par la reconnaissance des habitants du 3 août 1472 [8].

---

(1) Arch. Cam., *Consegnamenti,* vol. 546.
(2) Arch. de Marseille, B. 754.
(3) Arch. Capit. de Nice, n. 147.
(4) Parmi les témoins *P. Galeana.*
(5) Arch. Cam., *Cod. Leopardus.*
(6) Peut-être de la famille Cagnoli.
(7) Arch. di Stato, *Nizza,* Maz. 3, 15. En 1333 Foulque Badat, probablement fils de Milon, est propriétaire de ce moulin (Arch. Cam., *Consegn.* 538, f. 21). Sa fille s'appelait Libana. (Arch. Cam., *Cod. Leopardus).*
(8) Arch. Cam., *Consegn.,* vol. 536, f° 126.

VIII.

Divers sistèmes pour exprimer la répartition du fief. — Nature des fiefs de Provence et de celui de Châteauneuf. — Répartition d'après les principes énoncés. — Répartition successive.

D'après les différents actes que nous venons d'examiner à propos des subdivisions de Châteauneuf et surtout d'après celui de 1249 en tiers, et successivement par celui de 1311 d'un de ces tiers en douzièmes, on voit clairement l'origine de la répartition du fief de Châteauneuf en neuvains et la subdivision des neuvains en fractions [1]. Ce fractionnement, relativement restreint à la fin du XIIIe siècle et à la moitié du suivant, prit ensuite sous les ducs de Savoie un développement extraordinaire. On dut recourir à plusieurs systèmes pour fixer d'une manière exacte les parties de juridictions minuscules qui se transmirent depuis lors d'une famille à l'autre par succession, par mariage, par vente.

Un des systèmes, que nous trouvons en vigueur en 1703, consistait à prendre pour base l'année de 365 jours et la juridiction pendant ce laps de temps se répartissait en neuvièmes, soit neuvains. Ainsi un neuvain, représentant la neuvième partie de l'année, se composait de 40 jours, 13 heures et 20 minutes; ce neuvain se partageait par moitié, par tiers, par quart, même par quatre-vingtième, ce qui donnait au plus petit féodataire le droit de se dire seigneur de Châteauneuf, en n'ayant que $^1/_{80}$ de neuvain, soit 12 heures et 10 minutes de juridiction dans le cours de l'année [2].

En 1769 [3] on trouve la répartition de Châteauneuf fixée en un total de 648 points, que se partageaient 45 coseignours, selon leur quote-part de juridiction. Ces 648 points se subdivisaient en neu-

---

(1) En langage officiel *noveni*.

(2) Rapport du comte Mellarède, intendant du comté de Nice, Turin le 12 juillet 1703. Cette dernière fraction s'y trouve encore divisée parmi dix chefs de famille des Vacc'   'eri.

(3) D'après le rapport du procureur général comte De Rossi di Tonengo.

vains, soit 72 points, en moitié de neuvain, soit 36 points, en tiers de neuvain, soit 24 points, en quart de neuvain, soit 18 points, en huitième de neuvain, soit 9 points, en points et demi-points, en nouvelles fractions correspondantes à l'autre système de subdivision et concernant le plus petit coseigneur.

Ce fractionnement infinitésimal [1] de Châteauneuf dérivait de la nature de ce fief, qui suivait en cela la coutume de Provence, où les fiefs étaient impropres et féminins.

Cette nature du fief donna pourtant lieu à de grandes contestations pour les héritages, par la raison surtout qu'elle dépendait de deux sources principales : la coutume du pays et les investitures primordiales. S'il était plus facile de s'entendre sur la première, malgré la grande question de savoir si la Provence était terre d'empire ou non, la seconde laissait souvent des incertitudes à cause de l'ambiguité de la formule dont on s'était servi pour l'acte d'investiture, tout aussi bien que par l'esprit chicaneur des hommes de loi, soit au moyen-âge que dans une époque plus moderne.

Les divers auteurs qui ont écrit sur la nature des fiefs de Provence sont loins de s'entendre : cela nous paraît extrêmement naturel et pour notre part nous croyons que la coutume féodale d'un pays ne peut pas se dire constante, et que surtout celle de Provence a dû subir des variations notables.

Durant la première époque, du xe au xiiie siècle, le système féodal était dans toute sa puissance, dans son plein épanouissement [2] ;

---

(1) Nous citerons comme exemple de ce fractionnement et des résultats qui en dérivaient la patente d'investiture de Jean Capello du 20 déc. 1561 ; on y voit que Barthélemy Gallean et Lambert son fils avaient vendu audit Capello *un sedicesimo di noveno con la metà della quarta parte di un suddito ed altre ragioni per la somma di 48 fiorini* (Arch. Cam., *Atti per feudi*, vol. 7, p. 251). Les services se fractionnaient de la même manière ; ainsi en 1333 à Roquesparvière Isnard Barnoyni reconnaît devoir, *pro tertia parte cuiusdam masure seu mas, tertiam partem quaternorum denariorum, tertiam partem unius fogasse de annona, tertiam partem unius galline et tertiam partem unius emine civate, in quibus servitiis curia percipit tantum tertiam partem et Riquerii duas partes.*

(2) SÉCRÉTANT, *Essai sur la féodalité. Mémoire pour servir à l'histoire de la Suisse Romande*, vol. XIV, préf. p. VII.

mais à partir de cette époque des modifications durent avoir lieu et la succession aux fiefs dut obtenir de plus grandes facilités.

En France, et surtout en Provence, les femmes n'étaient pas en principe exclues de la succession des fiefs; elles ne l'étaient que par un mâle au même degré, mais elles l'excluaient à leur tour, s'il était d'un degré plus éloigné [1]. Des grands fiefs de la France deux seulement ne passaient pas aux femmes; il arrivait la même chose en Provence, où les fiefs, généralement impropres et féminins, passaient aux filles par héritage, seulement dans le cas de défaut de frères [2].

C'est en nous basant sur ces principes que nous avons établi la généalogie des seigneurs de Châteauneuf et, comme on le voit, la chronologie et la répartition du fief se trouvent de cette façon pleinement d'accord avec les documents qui forment les pièces justificatives de ce mémoire.

C'est ainsi que nous voyons en 1249 un tiers, soit 3 neuvains du fief de Châteauneuf, en possession de Pierre Ricardi, des deux frères Châteauneuf et de Foulque Caras. Ces trois familles devaient représenter les descendants d'un des trois frères dont nous connaissons l'existence en 1240; les deux frères de Châteauneuf étant cohéritiers de l'un d'eux, Ricardi devait être le mari de la fille du second; Caras celui de la fille du troisième : chaque famille avait donc le *neuvain* classique du fief.

Dans l'autre tiers de 1249 nous avons trouvé un Milon Chabaud ayant les 3 neuvains; il est résulté d'autre part que son père était déjà coseigneur en 1223, celui-ci devait donc avoir épousé l'héritière d'une branche : le frère de cette dernière, Geoffroi de Châteauneuf devait être mort *sine liberis*.

Pour la troisième branche de Châteauneuf, représentant un tiers en 1249 et qui résulte partagé en douzièmes en 1311 entre les familles Badat, Chabaud, Boetti, Revest et Châteauneuf, il fallait faire un double raisonnement, mais nous y trouvions doublement la preuve de notre assertion.

---

(1) Sécrétant, *Essai sur la féodalité*, p. 262.

(2) *Filia non succedit in feudo nisi investitura fuerit facta in patre, ut filii et filiae succedant: tunc enim succedit filia, filiis non extantibus* (Livre des fiefs).

En premier lieu, si les cinq frères de Châteauneuf de 1249, ont eu alors les 3 neuvièmes et qu'en 1311 on trouve ce total divisé par douzièmes, c'est que ces cinq frères se sont réduits à quatre seulement. Ensuite on voit certains seigneurs, n'appartenant à la famille de Châteauneuf que par alliance, céder à la commune leurs droits au nom de leurs femmes ; et on observe un fait particulier : la veuve de Boniface Chabaud, agissant en qualité de tutrice de sa fille, ne pas la nommer, comme s'il s'agissait d'une personne accessoire, et au contraire préciser le nom de Bérengère, comme celui d'une personne ayant un droit principal et indépendant, ce qui nous la fait dire sa propre sœur. Pareillement dans le même acte de 1311, Isnard de Châteauneuf agit en son nom propre et comme procureur de Pierre Boveti son cousin, *tanquam coniuncta persona domini;* formule exprimant d'une manière non équivoque que c'est l'alliance qui a porté, mais seulement alors, une part du fief aux Boetti : Pierre n'a pourtant pas épousé la sœur d'Isnard de Châteauneuf, car selon le principe énoncé la part du fief devait appartenir toute au mâle; c'est donc qu'il s'agit d'une cousine, peut-être déjà morte, puisque plus bas lorsqu'il s'agit de Sibylle, femme de Jean de Revest, mari et femme sont nommés et l'acte de procuration est légalement énoncé.

Les descendants des quatre frères de 1249 ont donc donné lieu à une troisième subdivision du fief, représentant des vingt-quatrièmes, dont $^2/_{24}$ passant par les Châteauneuf aux Badat, $^2/_{24}$ par les Châteauneuf aux Chabaud et par ceux-ci ensuite également aux Badat ; $^1/_{24}$ restant aux Châteauneuf et parvenant plus tard aux Blacas, tandis que l'autre $^1/_{24}$ passait aux Boetti ; finalement $^1/_{24}$ passant peut-être aux Castellane, de même que l'autre $^1/_{24}$ allait aux Revest.

Cette subdivision du fief, à la moitié du treizième siècle, paraît résulter de cette façon suffisamment claire, mais depuis lors elle devient de jour en jour plus compliquée et plus obscure.

Vers la fin de la première époque féodale, soit peu avant l'avènement de la maison de Savoie, un changement dut se produire dans le système féodal du comté de Nice; on trouve bientôt le fief de Châteauneuf devenu impropre et féminin dans la plus large acception du mot et on voit ses fractions laissées arbitrairement par testament ou vendues à de nouvelles familles *ad instar patrimonium*.

Il devient alors presque impossible de suivre avec précision le passage continuel de ces débris infinitésimaux du fief d'un possesseur à un autre, allant par héritage aux filles en concurrence avec les mâles, se vendant et se revendant plusieurs fois dans la même année.

De nombreuses difficultés se présentent; d'abord le défaut des documents nécessaires et des originaux que les archives ne possèdent pas; les annotations prises à cet effet par les intendants du comté de Nice et par les procureurs généraux à la cour des comptes qui sont extrêmement incorrectes [1]; ensuite les inexactitudes, peut-être involontaires, des reconnaissances passées au souverain par certains seigneurs, qui parfois avaient acquis une part de juridiction effectivement moins ample de celle qui avait été énoncée dans l'acte d'achat. Ainsi les Blacas vendaient aux Biglioni $^1/_5$ de toute la juridiction, tandis que le fief se divisant toujours par fractions divisibles ou relatives à 9, le calcul ne pouvait pas se faire exactement.

Une autre difficulté était celle de distinguer la haute juridiction de la basse. Nous citerons comme exemple la même part passée des Blacas aux Biglioni et dont ceux-ci recevaient l'investiture avec la haute juridiction, tandis qu'on ne trouve aux archives aucune trace de cette concession et que d'autre part les intendants croyaient que les Blacas n'avaient que la basse juridiction et le mixte empire.

---

(1) Ces notes sont faites avec une légèreté incroyable, avec des erreurs de date et de quotité qui les mettent à tout instant en contradiction les uns avec les autres et souvent avec eux-mêmes; se copiant réciproquement, admettant ainsi pour avéré un fait établi seulement comme élément de calcul par un prédécesseur; aussi éprouve-t-on un véritable étonnement lorsqu'on a recours aux pièces elles-mêmes de ne rien trouver de ce qui avait été énoncé.

IX.

Rapport des seigneurs avec leurs vassaux et avec le suzerain. — Sentence arbitrale de 1443. — Le mère empire et la haute juridiction.

Le fief de Châteauneuf était, comme la plus part de ceux du comté de Nice, un fief dépendant de la Couronne. Ainsi lors de l'enquête faite en Provence le 3 mai 1333 par Léopard de Fulcino [1], commissaire du roi de Sicile, pour y déterminer les droits de la Cour, on trouve dans le registre de notre région que la cour royale possède à Châteauneuf le haut domaine selon la formule suivante : *De Castronovo. Coram eodem domino inquisitore comparuerunt R. Grenda baiulus, Feraudus Lombardi et Petrus de Villaveteri probi viri de Castronovo, vocati, citati et iurati ut supra, informando ipsum dominum inquisitorem, quod Curia habet maius dominuim, merum imperium et regalia, item focagia in casibus consuetis* [2].

Ces expressions indiquent que les seigneurs de Châteauneuf à cette époque n'avaient encore que la basse juridiction. Peu de temps après, entre les années 1333 et 1339, la haute juridiction, le mère empire et les droits régaliens durent être cédés par les comtes de Provence à quelques-uns des coseigneurs d'après une sentence du 10 décembre 1443 [3].

Cette sentence intitulée *Sententia arbitramentalis loci Castrinovi* fut prononcée par Mercurin de Ranzo de Verceil, juge mage de Nice et publiée à la date indiquée ci-dessus à Châteauneuf même, en la

---

(1) *Leopardus de Fulgineo, archipresbiter Beneventanus, regius consiliarius ac in comitatibus Provincie et Forcalquerii super iuribus regiis occupatus ac contra officiales regios quoscumque generalis inquisitor pro refformandis iuribus regiis apud civitatem Niciensem.*

(2) Arch. Cam., *Consegn.*, vol. 538; ancienne copie certifiée conforme par l'archiviste de Provence Gastaud, le 4 nov. 1698.

(3) Arch. Cam., *Titoli per feudi e ragioni d'acque*, vol. 7°, p. 461 et 469. Cette sentence est imprimée vers la fin du XVIIe siècle; un second exemplaire en existe à la page 484 et 492 du volume. V. Doc. n. VI.

maison de noble Pierre Blacas, par noble Pierre Isnard, vicaire du bailli de Châteauneuf, assisté de maître Milan Constantin, notaire et secrétaire du juge [1] à la présence de Jeannet de Grimaldi, Jean de Bermondi, Barthélemi Barralis et Pierre Blacas, coseigneurs de Châteauneuf. Ce document important nous fera connaître quels étaient les rapports qui passaient à Châteauneuf entre seigneurs et vassaux et les relations qui existaient entre la couronne et les seigneurs et prouvera qu'à l'époque de la Maison de Provence celle-ci devait avoir déjà concédé, du moins en partie, le suprême domaine sur le fief.

Il s'agissait de différents entre les seigneurs et leurs vassaux.

Le juge-mage indique d'abord les facultés d'arbitrage qui lui ont été conférées par acte des notaires Victor Barquerii, d'Antibes, habitant à Nice, et André de Ferrariis, de Livourne, diocèse de Verceil, son secrétaire. Il cite ensuite une première sentence arbitrale du 16 décembre 1339 donnée par Jean de Revesto et reçue par Guillaume Chabaudi notaire; plusieurs actes d'hommages prêtés par les vassaux où se trouve mentionné ladite sentence; la ratification de celle-ci faite par les vassaux à noble Isnard de Châteauneuf coseigneur, par rapport aux *mandatariis, servitiis, quistis, ademptis, calcatione equarum et de molendo ad molendinum eiusdem Isnardi*, ratification passée par devaut Hugue Ambrosii, notaire de Nice, le 8 mars 1317 [2], les actes de 1249 et 1311 que nous connaissons, une ancienne transaction entre les seigneurs d'Aspremont et leurs vassaux; les statuts de Châteauneuf contenus dans cinq pièces de parchemin. Il déclare également que les seigneurs de Châteauneuf en sont seigneurs immédiats, chacun pour la part qu'il possède, et que les habitants sont tenus solidairement à la *quista* de 30 livres de Gênes qui est due à Bonne de Solaro et à Jean de Bermondi.

Il prononce la sentence suivante:

1° Les parties protestent de leurs sentiments réciproques de sincérité et de bon vouloir.

---

[1] Nommé à cette charge par lettres pat. du 11 octobre 1439 où il est dit: *dilectus noster Milanus Constantini notarius de Vulpiano habitator Nicie.*

[2] C'est évidemment une faute d'impression, car la ratification doit être postérieure à la sentence de 1339.

2° Les seigneurs de Châteauneuf sont seigneurs immédiats du village, chacun pour la part qu'il y possède.

3° Les vassaux doivent honorer leurs seigneurs et ceux-ci les traiter avec bienveillance.

4° Les coseigneurs respecteront les privilèges concédés anciennement.

5° L'obligation des services qui sont dus aux seigneurs sera intégralement observée, excépté pour ceux qui seraient modifiés par la présente sentence.

6° Les statuts anciens, ainsi que les modernes, écrits et annotés par Victor Barquerii, notaire et bailli, seront irrévocables.

7° Les vassaux qui étaient tenus à la *quista* de 30 livres de Gênes, continueront à la devoir solidairement à *Bonne de Solaro* et à *Jean de Bermondi* ainsi qu'à leurs successeurs.

8° Malgré le refus des coseigneurs ci-dessus de reconnaître l'acte de vente de la bandite de Rével, par défaut de pouvoir légal chez les vendeurs et de toute ratification, pourtant, sur les informations fournies par les vassaux et attendu que depuis un temps immémorial ils ont payé à ce sujet une somme annuelle de 12 livres de reforciat, on continuera à le faire et la vente sera retenue valable.

9° Pour ce qui est des arriérages de la *tasqua* de quinze parts de tous les fruits du territoire de Rével, qui depuis douze années ne s'est plus payée, on se limitera à solder ce qui est dû pour les deux dernières années, mais le paiement se fera régulièrement pour l'avenir.

10° Tous les bois et pâturages de Châteauneuf appartiendront auxdits seigneurs, à l'exception de ceux situés sur le territoire de Rével.

11° Attendu que, selon le coutume du pays, les terres gastes et incultes appartiennent aux seigneurs, les hommes ne pourront les ensemencer sans payer la tasque du 15me; les seigneurs de leur côté renonceront au 6me qu'ils prétendaient à ce sujet.

12° Les droits de passage et de pulvérage appartiendront aux seigneurs; les campiers pourront cependant se faire payer par les *affoliantibus*.

13° Les vassaux seront obligés de faire fouler leur blé par les chevaux des seigneurs et ceux-ci devront s'en pourvoir à la Madeleine; dans le cas où ils ne pussent ou ne voulussent pas le faire, les vassaux seront en droit de les pourvoir eux-mêmes, mais en payant aux seigneurs ce qui leur serait dû; dans le cas pourtant où ils voudraient battre leur blé *ad bracchia et cum flagellis*, ils seront libres de le faire.

14° Ils devront cuire leur pain au four seigneurial en payant le 25me.

15° Ils devront moudre le blé aux moulins de noble Bonne de Solaro, pourvu que ceux-ci soient en bon état de service, au jugement d'experts.

16° Si les seigneurs voudront bâtir ou faire de notables réparations aux moulins, au four, à leur maison ou à leur tour, ainsi que lorsqu'ils jugeront nécessaire d'opérer le nettoyage du canal conduisant les eaux au moulin, leurs vassaux devront faire un charroi, *corroatam*, avec leurs bêtes, et s'ils n'en ont pas, ils le feront en personne : le seigneur les nourrira ce jour-là.

17° Ils seront tenus d'être garants pour leurs seigneurs toutefois que ceux-ci en auront besoin.

18° Les bergers qui tiendront des troupeaux étrangers au territoire du village, paieront 16 sous par trentaine, en calculant un animal gros, vache ou bœuf, pour 2 veaux ou 10 brebis.

19° Les vassaux possédant maison seront tenus à quatre charrois, *cororetas*, par an, qui se feront aux époques convenables, aux foins et aux vendanges, avec une paire de bœufs, ou s'ils ne la possèdent pas, avec une seule bête, *sive de carrigo sive de basto;* ceux qui n'auront pas de bêtes feront quatre journées personnelles au gré du seigneur.

20° A la Noël ils devront porter une charge, *salmata*, de bois à la demeure du seigneur à Châteauneuf, mais non à Nice; ceux qui n'auront pas les bêtes nécessaires devront le tailler et le refendre; les seigneurs fourniront la nourriture.

21° En cas de vente ils paieront le trézain.

22° Sur la requête de leurs seigneurs ils devront l'accompagner, *assossiare et concomitare per totam terram Provincie*, sans rétribution pour la première journée; pour les autres journées, en calculant autant de jours pour le retour, ils auront la nourriture et 2 *albos*, soit 11 *patacos*.

23° Les vassaux auront l'obligation des subsides envers les seigneurs dans les cinq cas généraux, selon la stricte coutume, soit pour le mariage de la fille du seigneur, pour son élevation à la chevalerie ou à une dignité équivalente, pour son rachat de la captivité, pour l'acquisition d'un château, pour son pèlerinage au Saint-Sépulcre ou en région d'outre-mer : pour chaque cas et pour chaque feu et par impôt proportionnel, au taux de six sous *coronatorum* qui équivalent à quinze *parvorum*.

24° Au mois de mai ils devront donner le total du fromage ou du lait que leur troupeau produira pendant toute une journée

25° Le droit de chasse est réservé aux seigneurs ; par exception les vassaux auront la faculté de chasser pendant l'année courante à la condition que le produit de la vente du gibier leur serve à acheter les armes et les engins nécessaires à la chasse.

26° Les vassaux devaient anciennement opérer le transport des effets de leurs seigneurs, de Châteauneuf à Nice ou dans des régions plus éloignées, lorsque ceux-ci devaient s'y rendre pour l'exercice de leur charge ; porter leurs lettres ou missives dans la périphérie du sénéchalat, le blé dans les greniers d'abord, puis au moulin et ensuite à la maison, en ville même s'il était destiné à la vente ; le bois dans l'aire, puis à Nice à la Noël ; en sus une charge de bois lors des couches des dames, *in puerperio dominarum consortium ipsorum dominorum.*

Ils devaient encore une jambe de chaque porc tué, un poussin de chaque couvée, *in pullis de singulis coaguis gallinarum*, et une certaine mesure sur chaque barrique de vin, *item in cortaleto vini.*

De toutes les charges énumérées dans l'article ci-dessus les vassaux sont déclarés délivrés pour l'avenir, mais comme compensation ils paieront pour chaque feu un gros de Gênes valant 3 sous *parvorum.*

27° Les libertés concédées jadis par les seigneurs aux *Caslans* et à leurs fils, selon la teneur des privilèges possédés par eux, leur seront intégralement maintenues.

28° Les syndics, arbitres et campiers seront annuellement élus par les habitants réunis en conseil à la présence des seigneurs ou de leur délégué.

29° Les arbitres et les campiers seront au nombre de trois, choisis sur une rose de neuf individus proposés par les seigneurs ; l'année suivante c'est le conseil qui proposera et les seigneurs feront le choix.

30° Les bans ou amendes seront au profit des seigneurs qui en laisseront une moitié aux campiers, lorsque ceux-ci auront découvert eux-mêmes le coupable.

31° Les proclamations, prohibitions, préceptes et autres actes de justice appartiendront aux seigneurs, dans le ressort de leurs investitures et inféodations.

32° Les deux parties s'absolvent réciproquement.

33° Les arbitres se réservent le pouvoir de proroger ou de modifier ledit arrangement.

34° Les parties devront le plus tôt possible ratifier la sentence, sous les peines indiquées dans l'ancien compromis, reçu jadis par Paul Ambrosii, notaire, le 10 janvier 1340.

Telle est cette sentence qui nous présente un intéressant petit tableau des mœurs féodales et en même temps a une plus grande importance pour la question du suprême domaine du fief, ainsi que nous allons le voir.

D'après plusieurs articles de cette pièce, il nous semble résulter clairement que déjà à cette époque les coseigneurs de Châteauneuf avaient le mère empire sur le fief. Ce n'était pas évidemment pour chacun d'eux dans la même proportion, quelques-uns pouvaient même avoir une part de haute juridiction plus étendue que la basse dont ils jouissaient, mais dans la transaction entre vassaux et seigneurs ils sont nommés tous ensemble.

On remarque seulement à l'article 7, à propos de la *quista* de 30 livres de Gênes due solidairement par les vassaux à leurs seigneurs, que ceux-ci ne sont nommés qu'en personne de Bonne de Solaro et de Jean de Bermondi [1]; ceci prouverait que ces deux familles possédaient le

---

(1) Dans l'imprimé, après le nom de Jean de Bermondi se trouvent les mots : *et condomino eiusdem castri*, qui sont une faute d'impression qu'on doit corriger en supprimant la conjonction *et.*

droit de mère empire, malgré que Jean de Grimaldi, Jean de Bermondi, Barthélemi Baralis et Pierre Blacas qui interviennent à Châteauneuf pour la publication de l'acte d'arbitrage, en fussent sans doute les plus importants seigneurs; il faut pourtant remarquer que Jean de Grimaldi, quoique présent, ne devait pas être un des coseigneurs, puisque Antoine son fils, comme mari de Bonne de Solaro, a été le premier de la famille à jouir des droits sur Châteauneuf et par l'entremise de celle-ci. (8)

Gioffredo cite bien en 1450 Antoine et *Cosma, altresì de' Grimaldi, castellano di Belvedere, ambidue consignori di Castelnuovo* [1]; et en 1455 en parlant de Melchior Grimaldi, il le dit *oriondo da Genova ed abitante di Nizza*, et ajoute : *era questi fratello di Gaspare e figlio di Cosmo de' Grimaldi consignori di Castelnuovo* [2]; mais nous croyons Gioffredo dans l'erreur.

En effet Antoine Grimaldi qui épousa Bonne de Solaro, était neveu de Cosme et petit-fils d'autre Cosme, et aucun document ne dit que ces deux Cosme fussent seigneurs de Châteauneuf. Quant à Gaspard et Melchior Grimaldi, ils étaient réellement frères et fils de Cosme II, mais ils n'étaient d'aucune façon seigneurs de ce fief.

Pareillement, quand même les deux frères auraient habité loin de notre ville, on ne pouvait plus les dire originaires de Gênes à cette époque, car cette famille, bien distincte de celles de Beuil et de Monaco, descendait de Pierre Grimaldi [3], fils d'Agamemnon [4], qui le 16 mars 1366 avait reçu du sénéchal Raymond d'Agout l'arsenal de Nice en emphytéose perpétuelle, sous le service annuel d'une livre de poivre; or, dans cet acte Pierre est déjà qualifié *de Nicia* [5]. Dans une sentence arbitrale du comte Amédée de Savoie du 3 août 1399 Jean, fils de Pierre, et Cosme [6] son fils, sont tous les deux qualifiés *de cives Nicie* [7]. Ainsi il n'y a point de doute à cet égard. Aucun acte ne mentionne à cette époque d'autres Grimaldi seigneurs de Châteauneuf,

---

(1) GIOFFREDO, *Storia A. M.*, vol. 4, 182.
(2) Ibid., 204.
(3) Pierre était marié avec *Englesia Gentile* de Gênes.
(4) *Agamellone*, dans les chartes de l'époque.
(5) Arch. di Stato, *Nizza*, maz. 3, 13.
(6) Arch. di Stato, *prot. Bombat*, vol. 67, 209.
(7) Cosme Ier était marié avec *Moisia*, sœur de Juste Grimaldi.

461 (8) Jean Grimaldi intervient comme mari de Valentine Lascari veuve en 1ère noces de Jean Solaro. Celle-ci le 19 mars 1434 obtint l'autorisation de marier sa fille (Prot. 95, 368)

à l'exception d'Antoine; un peu plus tard on trouve parmi eux Jacques Grimaldi de Gattières, mais il l'était par l'achat qu'il avait fait d'une part de juridiction que possédait Andréine, fille de Georges Baralis, le 8 janvier 1506 [1]: de même en 1521 Barthélemy Grimaldi fut investi le 5 octobre, mais uniquement comme mari de Jeannette de Constantin.

Jean de Grimaldi intervient donc à l'acte de transaction de 1443 en qualité de représentant de son fils et de sa belle-fille.

On voit dans l'énoncé de cette sentence qu'en l'année 1339, le 16 décembre, une première décision arbitrale fut donnée par Jean de Revest juge mage de Nice et qu'ensuite les hommes de Châteauneuf la ratifièrent en faveur d'Isnard de Châteauneuf coseigneur de ce lieu.

Celui-ci devait donc être à cette époque un des principaux possesseurs du fief.

On remarque aussi que les désaccords qui existaient avaient spécialement trait aux *mandatariis, servitiis, quistis, ademptis* [2], *calcatione equarum et de molendino ad molendinum eiusdem Isnardi et suorum*.

Or, le premier de ces droits [3] n'avait que peu d'importance; il se payait aux émissaires, *mandatariis*, qui avertissaient les villageois de l'heure de la cuisson au four seigneurial; le second était un terme général sous lequel étaient compris plusieurs impôts terriers non personnels; mais le troisième et le quatrième s'équivalaient à peu près et étaient d'une haute importance, faisant partie des droits régaliens.

En effet, la *quista* [4], qu'on peut traduire par *quête, demande*, indiquait généralement l'*aide, auxilium*, que le suzerain ou le seigneur justicier demandait, ou, pour mieux dire, imposait à ses vassaux dans les quatre ou cinq cas privilégiés, dits aussi cas impériaux [5]. Cette obligation, primitivement féodale et personnelle, changea ensuite de

---

(1) Arch. Cam., *Atti per feudi*, p. 213. Reconnaissance d'Honoré Roquemaure.

(2) Dans l'imprimé la ponctuation est la suivante: *de mandatariis servitiis, quistis ademptis, calcatione*, etc.

(3) *Mandatagium, mandataria.* Ducange, *Glossarium*.

(4) *Ademptum*, ailleurs *ademprum, ademprivum*, correspondait à la *quista* et à l'*auxilium*. Ducange le fait dériver *ab ademptis rebus*. Dans le cours de notre sentence les *quiste* sont dites *adempte*.

(5) Sécrétant, *Essai sur le féodalité*, p. 564, dit qu'on a fautivement confondu

nature et devint une espèce de *taille* et de *fouage* que le seigneur levait sur chaque chef de famille, soit en argent soit en nature [1].

Dans notre document il s'agit du sens plus restreint et primordial de la parole, car dans le dispositif de la sentence on voit la signification de ce droit parfaitement déterminée [1].

Ce droit, avec la même signification, se trouve dans les **statuts de** Provence émanés en 1235 par Raymond Bérenger : *De quistis et talliis — Statuimus quod dominus comes possit facere quistam ob causis infra scriptis, scilicet semel pro itinere faciendo ad dominum imperatorum sine armis et quocienscumque requisitus a domino imperatore cum armis ad eum iverit... Item, si factus fuerit miles, ipse vel major filius qui comes futurus sit, possit facere quistam. Item, si transfretaverit cum armis, possit facere quistam. Item, si filiam suam vel filias in matrimonium collocaverit, pro qualibet earum semel quistam facere possit... Si vero aliquis de militibus vel de baronibus cum armis cum domino comite ad dominum iverit... cum ipso transfretare voluerit propriis expensibus, in hominibus eius dominus comes non faciet quistam... Item statuimus, quod dominus comes supradictas quistas, ut possit facere sub modo prescripto, scilecet pro quolibet foco possit exigere et habere sex solidos regalium, non ultra* [2].

Comme on le voit par cet article des statuts du comte de Provence, les aides féodales constituaient un droit régalien que le suzerain déclare qu'il exercera envers les vassaux de ces barons, hormis le cas où ceux-ci l'accompagneraient à leurs propres frais auprès de l'empereur ou dans une expédition d'outre-mer.

Nous ajouterons encore une preuve que cet impôt faisait partie du mère empire, en citant, d'après Ducange, une charte de 1283, par laquelle Rosselin de Fosses, seigneur de Bormes [3], déclarait d'avoir le droit de mère empire dans ses terres sur lesquelles était situé un monastère de chartreux, *propter merum imperium quod habeo in ter-*

---

taille avec l'*aide*, parce que les justiciers avaient imaginé d'imposer à leurs sujets des tailles dans les quatre cas des aides seigneuriaux. — SALVAING, *L'usage des fiefs*, observe, aussi que la taille des quatre cas, qui se devait à un haut justicier, était purement personnelle.

(1) V. plus haut pag. 67 art. 23.

(2) M. H. P. *Statuta Nicie*, coll. 91 et *Cart. de Lérins*, praef. XXXVII.

(3) *Bormes*, Arrondissement de Toulon, canton de Colobrières.

ritorio de Verna [1], et il promettait audit monastère de ne pas l'exer-
cer, *nec pro filia maritanda, seu filio uxorando, vel alio quocumque
casu tallias vel quistas facere nec exigere* [2].

Si les seigneurs de Châteauneuf dès 1339 avaient ces mêmes
droits régaliens envers leurs vassaux, c'est qu'ils avaient le mère empire et que les comtes de Provence le leur avaient concédé depuis peu [3].

On pourrait même supposer que la concession de ces droits ait été
la cause des litiges entre vassaux et seigneurs.

Nous avons un exemple de la concession de ces droits d'aides dans
l'acte de vente de Drap que Romée de Villeneuve au nom du comte
de Provence fit à l'évêque de Nice le 3 juillet 1238 [4].

On sait que Drap appartenait à l'évêché de Nice depuis la donation qui en avait été faite par Pierre évêque de Vaison en 1070 [5]. Cette
donation ne comprenait pas seulement les biens allodiaux, mais aussi
les droits de justice, car on voit après cette donation les évêques tenant à Drap un bailli pour l'administration de la basse justice [6].

Le suprème domaine et la haute justice dépendaient cependant des
comtes de Provence : Raymond Bérenger par l'acte de 1238 retint
le suprème domaine et vendit le mère empire à l'évêque qui l'exerça
depuis lors dans le fief.

Le village ou château, *quod vos posseditis et successores* (sic)
vestri possiderunt, n'avait pas cessé d'appartenir à l'évêque de 1070
à 1238 ; Romée de Villeneuve lui céda tous les droits, *omne ius*, que
le comte possédait à Drap, autant sur les hommes que sur le territoire,
soit sur les pâturages, eaux, forêts, qui lui appartenaient, ainsi que
les droits d'albergue, de cavalcade et de quiste ; quant à ces derniers
ils étaient indiqués ainsi : *et specialiter in quista seu quistis in quibus*

---

(1) *Verne*, près du golfe de Grimaud, ainsi dans une région contiguë à la nôtre.

(2) DUCANGE, *Glossarium*, au mot *imperium*.

(3) Le roi Ludovic et Jeanne en 1352 concédèrent à plusieurs seigneurs le mère empire sur leurs fiefs, ainsi à Pons Laugier sur Ferres, Bouyon et Conségudes (Giof. 3, 245).
On en trouve de nombreux exemples aux archives de Marseille. Cfr. B. 1319.

(4) Arch. Capit. de Nice, *Liber niger*, f° 4. GIOFFREDO, *Storia A. M.*, 2, 341, et
Nic. civitas, p. 118.

(5) *Cart. Cath. de Nice*, 82.

(6) Ibid , 30, 31, 61, 98.

tenentur ei homines baiulie Foroiulii dare sex solidos pro foco, scilicet [1] *pro filiabus maritandis, seu pro eundo ad imperatorem ex quacumque causa, seu pro transfretando* [2] *cum* [blanc], *vel si ipse dominus comes vel eius filius maior novus miles efficeretur.*

On le voit, ce sont presque les mêmes cas impériaux dont jouissaient les seigneurs de Châteauneuf: ce sont les droits régaliens, soit le mère empire; le comte s'est bien réservé le *maius dominium*, et en témoignage de ce droit on lui paiera chaque année à la St-Michel un obol d'or, mais cette expression équivalait là au droit de suzeraineté; le formulaire féodal n'était pas toujours bien clair, et d'autre part on se demande: quelle utilité le chef du diocèse pouvait-il tirer du droit dont jouissait le comte et qu'il lui vendait, d'imposer un subside pour la chevalerie de son fils ou pour le mariage de ses filles?

Quant à ce qui touche à la juridiction judiciaire l'évêque par cet acte acquérait la justice civile et celle criminelle, *generalem et specialem iurisdictionem in predicto castro vel omnibus eiusdem ad dominum comitem competentem seu competentia et iusticias qualescumque et quantascumque dominus comes habebat vel visus erat habere in hominibus predicti castri civiles seu criminales;* il est pourtant fait une exception: *exceptis quatuor casibus in quibus retinet domino Comiti plenariam iurisdictionem, scilicet si homines* de Drapo *homicidium perpetrarent, vel insidiatores viarum publicarum efficerentur; item, si furtum extra territorium de Drapo committerent, vel si homines religiosos percuterent et ecclesias seu domos violarent religiosas, dum* [blanc] *in istis duobus vel* [blanc] *capitulis domino Comiti Provincie querimonia deponentur.*

In hiis vero casibus ita intelligendum est, quod si supradicti homines pecuniariter punirentur a domino Comite vel eius baiulo, dominus Comes vel eius baiulus posset ab eis exigere aurum vel argentum, pecuniam seu pecora campi vel [blanc]; *alia vero omnia mobilia seu*

---

(1) Gioffredo a *saltem*, le *Liber niger* n'a pas *scilicet*, mais un mot qui s'approche davantage à la lecture de Gioffredo, ce qui prouve que celui-ci à tiré du ms. même les fragments qu'il donne; l'original devait déjà manquer.

(2) Le ms. a *transferendo.*

se moventia vel immobilia ad vos domine Episcope pertineant, iuxta voluntatem ipsam.

Le comte de Provence d'un côté se réserve la haute juridiction pour quatre cas, mais d'un autre il la concède implicitement dans ce qui n'est pas réservé; l'exception des quatre cas qu'il établit n'est qu'une limitation à l'exercice de la haute justice criminelle [1]: le *jus gladii*, le *jus sanguinis* s'étendait à bien d'autre cas, ainsi la blessure grave, l'attaque avec arc ou arbalète, le dégaîner le poignard, le faux témoignage, le faux en écriture publique, l'adultère quelquefois, le rapt, l'incendie, la sorcellerie, portaient comme sanction pénale, selon les régions ou les époques, la mort, la perte du pied ou de la main; il y avait, il est vrai, le rachat moyennant le ban, mais la pénalité n'en existait pas moins. Ces crimes, n'étant pas exceptés, ils étaient du ressort de l'évêque; il avait donc en principe le droit de haute justice.

Comme conséquence de la vente de 1238, nous citerons la reconnaissance qui fut passée à Léopard de Fulcino en 1333 qui est formulée par Raymond *Boutosii*, bailli de l'évêque, de la manière suivante [2]: *Habet in dicto castro curia regia maius dominium et in signum dicti maioris dominii dominus Episcopus Nicensis debet servire et servit dictae curiae in festo Sancti Michaelis unum obulum aureum vel valorem iustum.*

Comme on voit, il est uniquement fait mention dans ladite déclaration du *maius dominium* de la cour, rien de plus; ainsi ni le mère empire ni les droits régaliens n'étaient alors réservés à la couronne, tandis que dans les reconnaissances passées à cette même date par d'autres villages il y a la mention explicite que la cour possède, *maius*

---

(1) Un exemple de la réserve d'une partie de la haute justice de la part du souverain se trouve dans les ordonnances de Louis X roi de France en 1315. L'art. 12 dit: *In terris etiam eorum in quibus altam et bassam habent justitiam ipsos in aliquibus jurisdictionis casibus, illis duntaxat exceptis qui ratione superioritatis vel ressorti ad nos pertinuerint impediri vel molestari inhibemus* (BRUSSEL, *Usage des fiefs*, 2, p. LVII). Une autre ordonnance de la même époque dirigée aux nobles de Champagne dit: *Nous lor avons accordé et octroïé, que nous en lor terres, où ils ont haulte justice ne justicierons point fors ès cas dessus nomez ou autres qui à nous et non à autre apartiegnent par droit royal.* (Ibid., p. LXII).

(2) Arch. Cam., *registre Leopardus.*

dominium, maius imperium et regalia. Il y a donc tout lieu de croire que de 1238 à 1333 l'état féodal de Drap n'avait pas varié : la cour possédait le haut domaine, mais le mère empire, la haute justice, les droits régaliens, se partageaient entre le seigneur et la suzerain.

L'évêque de Nice dut perdre peu après ces droits, car en 1335, le 29 septembre, dans l'acte d'hommage passé par l'évêque Guillaume à Philippe de Sanguineto sénéchal de Provence, l'évêque déclare, *se tenere et tenere debere immediate et in capite ab eodem domino nostro rege et sub eius maiori domino et signoria ac iurisdictione, pro ecclesia sue Nicensi, castrum de Drappo cum omni territorio* [1]. Cette formule, selon nous, n'implique pas encore le défaut de mère empire et haute juridiction de l'évêque, car aussi dans l'inféodation aux Grimaldi en 1453, dans laquelle le duc de Savoie confirme à ceux-ci explicitement le mère empire, on trouve cependant l'exception : *salvis tamen ac nobis et nostris in premissis reservatis iuribus feudi, fidelitatis, homagii, directi dominii, superioritatis et ressorti ac aliis iuribus nostris* [2]. Il est vrai que dans l'hommage prêté le 14 novembre 1559 au duc Emanuel Philibert par l'évêque François de Lamberti [3] on trouve encore la déclaration que le duc de Savoie possède le *maius dominium et supremam iurisdictionem* et qu'en reconnaissance de ce droit l'évêque est tenu au paiement de l'obole d'or, mais on exprime la restriction de la haute justice, comme dans l'acte de vente de 1238, *in quatuor casibus, scilicet homicidii, insidiarum viarum publicarum et furtorum factorum extra territorium dicti loci, per homines ipsius loci, vel si homines ipsius loci homines religiosos percuterent in ecclesias, seu domos religiosas violarent,* mais l'exception, comme nous le disions, confirme la règle. Au contraire, dans l'investiture à monseigneur Martinengo, le 14 décembre 1600, il s'agit uniquement du *misto impero e bassa giurisdizione* [4], la juridiction féodale avait subi insensiblement une métamorphose, et, tandis que d'abord la haute justice se partageait entre le suzerain

---

(1) Arch. di Stato, *Nizza*, Mazzo 34, Drappo n. 1.
(2) Arch. di Stato, *Nizza*, Maz. 24 — v. doc. VII.
(3) Arch. di Stato, *Nizza*, Mazzo 34, Drappo n. 1.
(4) Ibid., n. 4.

et l'évêque, elle était restée peu à peu entièrement en possession du premier. Au reste, la jouissance des fiefs par les ecclésiastiques était un abus, ceux-ci ne pouvant pas prêter le service féodal qui était un des éléments constitutifs de la féodalité.

En Piémont le duc Amédée, dans l'assemblée des États de 1432, ordonna aux ecclésiastiques de se démettre de leurs fiefs; cette ordonnance n'eut pas effectivement toutes les suites auxquelles on aurait pu s'attendre [1], mais ce fut un moyen d'enlever insensiblement au clergé féodal une partie des droits régaliens qu'il avait possédé jusqu'alors. Nous en voyons la trace dans les investitures de Drap.

La longue digression que nous venons de faire à propos du fief de Drap sert à prouver que Châteauneuf dut avoir le même régime féodal. Seulement les droits régaliens ne furent concédés aux seigneurs que de 1333 à 1339. À la première date l'acte de reconnaissance porte explicitement la mention des droits régaliens appartenants à la couronne; à la seconde date une partie des droits régaliens, les cinq cas généraux, qualifiés de *quista* et de *adempta*, appartiennent aux seigneurs; ce sont, le mariage des filles, la chevalerie du seigneur, sa délivrance, l'acquisition du château, le voyage à Jérusalem, soit à peu près les mêmes que pour Drap; le *fouage* est de six sous *coronatorum*, c'était la même somme qui était due au souverain; c'était donc bien là un droit cédé par lui, à l'époque indiquée.

Une dernière preuve sur le mère empire exercé par les seigneurs de Châteauneuf avant l'époque de la sentence de 1443 émerge de ce qui est dit dans cet acte au sujet des *caslans* [2], soit hommes libres de Châteauneuf, auxquels cette liberté avait été anciennement concédée par les seigneurs; évidemment cette concession de liberté ne pouvait dépendre que des seigneurs qui eussent le mère empire sur le fief.

---

(1) SCLOPIS, *Storia dell'antica legislazione del Piemonte*, p. 403.

(2) V. pour les *caslans* de notre région *Le XIe siècle dans les A. M.*, p. 65, et GIOFFREDO, *Storia delle A. M.*, I, 614.

X.

*Les seigneurs de Châteauneuf dans la première moitié du XVe siècle. —
La famille de Solaro. — La famille de Grimaldi. — La famille de
Blacas. — La famille de Berre.*

Dans tous les documents relatifs à Châteauneuf, que nous avons
cités ou analysés, on n'a pas rencontré jusqu'ici la moindre trace d'une
part de juridiction féodale qui appartînt directement à la couronne.

Les actes de 1249 et de 1311 n'y font pas allusion.

Les comtes de Provence ne paraissent donc pas avoir cherché d'a-
cquérir une part de ce fief, comme ils l'avaient fait pour d'autres;
Châteauneuf n'était pas une position stratégique, ni un château-fort
assez important; on ne trouve pas de trace d'une confiscation ou d'un
achat qui leur en eut apporté la moindre portion.

On verra, au contraire, la maison de Savoie y jouissant d'une certaine part de juridiction, qu'elle revendit du reste à de nouvelles familles, qui au début du xve siècle vinrent s'ajouter à celles dont nous
avons parlé et une nouvelle période s'ouvrir ainsi dans l'histoire féodale
de ce village.

Comment les comtes de Savoie devinrent-ils coseigneurs de Châteauneuf?

C'est un des nombreux problèmes de l'histoire de Nice que nous n'a-
vons pu entièrement résoudre.

On a pourtant déjà vu, par les lettres patentes d'Amèdée VII que
nous avons rapportées [1], qu'à la suite de la rebellion de Jacques de
Revest et de Florent de Castellane [2], qui eut lieu vers le commencement de l'occupation Piémontaise, la terre de Clans leur fut confisquée

---

(1) V. plus haut à pag. 42.

(2) Florent de Castellane, seigneur d'Andon (arrondissement de Grasse) avait épousé,
le 16 octobre 1363, Alasacie Blacas fille de Guillaume seigneur de Beaudinar (Du Rouas,
Documents inédits sur les familles de Blacas et de Castellane, Aix 1889). En 1385 il
prêtait hommage au roi Louis Ier comte de Provence pour les châteaux d'Andon, Allemagne et Castellet d'Allemagne (Arch. de Marseille, B. 762).

et donnée en fief à Luquin de Murris originaire d'Andoria et habitant de Nice [1]. Gioffredo avait indiqué le fait de l'inféodation dans
l'année 1391 [2], mais nous ignorions que Clans était parvenu aux
comtes de Savoie par l'effet d'une confiscation. Si on observe maintenant que les deux familles de Castellane et de Revest descendaient
par les femmes des seigneurs de Châteauneuf et qu'elles avaient part
au fief, qu'une dame Sibylle de Revest avait la seigneurie de Clans,
qu'on ne trouve plus trace de leur seigneurie de Châteauneuf au xv⁰
siècle, on verra qu'il est très probable que ces deux familles en
perdissent aussi par confiscation leur part, qui par l'acte de 1249
devait être le $^1/_4$ du $^1/_3$ de tout le fief; cette part serait celle passée
à la maison de Savoie.

On pourrait en dire autant de la portion qui était le partage des
Châteauneuf d'Ascros, car à la même époque le comte de Savoie s'em-
para aussi de la partie du château d'Ascros [3] qui appartenait aux
seigneurs de Faucon et de Cuébris, et la donna aux Grimaldi [4]; peut-
être les Châteauneuf d'Ascros furent quittes pour perdre leur part de
Châteauneuf, puisque cette branche quoiqu'elle porta plus spécialement
le nom du fief, ne paraît plus parmi les coseigneurs dans la seconde
moitié du xiv⁰ siècle.

Il y a un fait indéniable, c'est qu'en 1403 un personnage éminent
de la cour comtale de Savoie recevait de celle-ci une part de Châ-

---

(1) La femme de Luquin de Murris était Valentine Doria, sœur d'Olivier Doria et
fut mère d'Othon: elle se remaria avec Michel Palmerio notaire d'Avigliana, en Piémont,
et le fils du second lit prit le nom de *Palmeretus*. En 1430 on trouve ce dernier possédant à Nice une maison, *in parva platea sub qua est parva cisterna ipsius domus sita
retro viridario dicte domus* (Conti del Riccvitore Chabodi vol. 7). En 1460 *Rufino de
Murris de Castronoveto Vercellensis diocesis* était témoin à Nice (*Liber Niger*, p. 117);
il devint trésorier général de Savoie et en 1494 il possède une maison à Nice (Arch. di Stato,
Carte Biscaretti, Maz. 34, f. A). Nous le croyons d'une famille différente. En 1574 noble
Claude de Murris possède à Nice, il est contrôleur du château; sa fille épouse noble Philippe Martelli seigneur de Mombrun près de Pignerol, soldat au château de Nice. (Recueil
ms. Niçois, vol. 3, 232).

(2) GIOFFREDO, *Storia A. M.*, 3, p. 450, 515.

(3) Une partie d'Ascros appartenait aux comtes de Provence en 1305, nous ne savons
si par le fait d'achat ou de confiscation; en cette année la cour voulait la donner en échange
à Emmanuel de Vintimille (Arch. de Marseille, B. 1093).

(4) Arch. di Stato, *Prot. Bombat*, vol. 67, f. 34 e GIOFFREDO, *Storia A. M.*,
3, 510.

teauneuf, probablement comme récompense de services rendus ou en paiement d'argent dû par la cour, qui était à cette époque aussi emprunteuse que loyale dans ses engagements.

C'était Jérôme de Balardis, frère de Roger, écuyer du duc de Savoie, d'une famille d'Avigliana en Piémont, qui était venu à Nice avec la charge de capitaine du château et qu'on trouve ensuite dans notre ville pendant plus d'un demi siècle [1].

Notre assertion s'appuie sur un article des comptes du gouverneur de Nice [2], formulé ainsi : *Libravit Rogerio de Balardis scutifero domini, in quibus dominus tenebatur eidem pro precio vendicionis, per ipsum Rogerium procuratorio nomine domini Jeronimi de Balardis fratris sui, omnium jurium et pertinenciarum, quas et que ipse dominus Jeronimus, tam ex donatione sibi facte per recolende memorie dominum nostrum comitem genitorem domini, quam alias quomodolibet habebat et habere poterat in castro de Castronovo vicarie Nycie, ut in instrumento vindicionis latius continetur ; et solvit etiam dicto Rogerio nomine quo supra, per literam domini de mandato solvendi et allocantur sibi de mandato predicto facto ut supra vigore dicte litere domini, date Chamberiaci die 10 junii 1403.....* 300 fl.

Cette portion de Châteauneuf, cédée par le comte de Savoie à Jérôme de Balardis, revendue ensuite par Roger son frère au duc Amédée, doit être celle que le duc de Savoie céda de nouveau à cette époque à Giraud Roquemaure et par laquelle presque tous les coseigneurs de Châteauneuf d'aujourd'hui tiennent leurs droits.

Il existait, paraît-il, à l'époque de Gioffredo un acte de l'investiture donnée en 1403 à Giraud Roquemaure, notaire et licencié en droit, que notre historien aurait vu, d'après la copie d'un répertoire de Gioffredo qui existe à la bibliothèque royale de Turin, où cet acte est indiqué ainsi : *Nos comes Sabaudie prefatus eumdem dominum Giraudum investimus per traditionem unius gavireti quem tenebamus in manu :*

---

(1) Arch. Cam., *Conti di Giac. Fontana ricev. gen.* maz. 2, vol. 3.

(2) Arch. Cam., Mazzo unico, rotolo 2. *Comptes de nobles Guigonet et Bon, fils et héritiers de Jean de Conflans gouverneur de Nice.*

cette part du fief lui était cédée pour le prix de 700 florins d'or et de 300 florins *parvorum* [1].

Il est regrettable de ne pas savoir quelle était la portion acquise par Giraud Roquemaure; car en 1412 son fils Jacques en revendit une grosse part à la famille de Solaro, comme on l'apprend par l'article suivant des comptes de Jacques de Fontana receveur général du comté de Nice [2].

Recepit ab Anthonio de Solerio de Nicia pro trezeno certe partis Castrinovi, vigarie Nicie, cum juridicione, hominibus et pertinenciis suis sibi venditis per Jacobum Rocamaura de feudo et sub homagio ligio domini precio mille florenorum regine, de quibus 1000 florenis dictus Jacobus Rocamaura habuit 400 florenos et reliqui 600 floreni fuerunt soluti dicto Antonio in diminucione dictorum millium florenorum, qui sibi debebantur super castellania Ysie et ipsos sexcies centum florenos dictus Jacobus Rocamaura consensit esse domino ex composicione, quia per dictum receptorem movebatur questio dicto Jacobo et ejus patri super dicto castro. Et est sciendum quod dictus Anthonius de Solerio omni anno percipiebat super gabella salis Nicie ducentos florenos regine pro castellania Ysie et pro duobus millibus florenis qui sibi debebantur per dominum; et ab inde non percipit nisi 150 florenis in diminutionem dictorum 1400 florenorum usque ad complementum solucionis eorundem. Instrumento recepto de dicta vendicione per Johannem Picheti notarium, 1412, die... [3] *83 fl. 4 den.*

Antoine Solaro, châtelain de Pigna et d'Eze, fut père de Jean et de Jacques de Solaro. Ce sont eux qui le 20 septembre 1421, en ayant sans doute des divergences avec leurs vassaux, firent copier l'acte de 1249 et le présentèrent à Ludovic Olivari, juge ordinaire de la cour de Nice [4].

---

(1) Bibl. royale de Turin, ms. vol. 9.

(2) Arch. Cam., *Conti di Giac. Fontana*, Maz. 2, vol. 2, f. 50.

(3) Le quantième du mois est en blanc. Le 4 décembre 1426 la dette de la cour fut entièrement soldée en faveur d'Antoine de Solaro, qualifié d'ancien châtelain de Pigna. (Ibid., vol. 3, p. 320).

(4) Arch. Cam., *Titoli per feudi e ragioni d'acque*, vol. 7, f. 457.

Jean de Solaro eut, de son mariage avec la sœur de Pierre Lascaris de la Briga [1], une fille unique du nom de Bonne, qui épousa
Antoine de Grimaldi, écuyer du duc de Savoie, fils de Jean, portant
le titre de conseiller ducal. Les droits sur Châteauneuf, ou du moins
une partie de ceux-ci, passèrent alors par Bonne à son mari.

La famille Solaro de Nice est fort ancienne. On la trouve nommée
dans le cartulaire de l'ancienne Cathédrale parmi les vassaux de l'é-
glise, en 1152, en personne de Jean *de Solario* [2].

À la même époque on trouve un Bertrand *de Solario* [3].

Plusieurs personnages de la famille prirent part aux luttes po-
litiques et en 1229 furent bannis de Nice [4] par le comte de Provence;
ce sont Guillaume, Paul, Pons, et Pierre *de Solerio*. Ainsi dispersée,
elle s'établit à Lantosque et à la Turbie [5]; car il faut bien remarquer qu'au moyen-âge l'exil consistait en un simple éloignement
de la ville.

En 1305 nous trouvons de nouveau à Nice Paul et Guillaume *de
Soleriis* [6].

À la fin du siècle de nombreux Solaro se trouvent ayant à Nice des
charges, des possessions, de hautes alliances.

Marc et Barthélemy en 1388 sont syndics de Nice.

Barthélemy, le 24 février 1399, est qualifié de Châtelain d'Eze [7].

Il n'eut que deux filles: Benvenuta, la première, épousa Jean Pierre

---

(1) Arch. di Stato, *Prot. Bolomier*, 72, f. 360. D'après l'acte de vente, 13 juillet
(Gioffredo dit fautivemente le 3) 1426, du tiers de la Briga par Ludovic Lascaris avec le con-
sentement de Philippine sa sœur et de Jean de Solario leur oncle; *avunculus eorum*
(Gioffredo dit fautivement *suo cognato*) pour le prix de 5 mille fl. de la reine.

(2) *Cart. Cath. de Nice*, 30.

(3) Ibid., 41.

(4) Cais de Pierlas, *Le testament de Jourdan Riquieri au XVIIe siècle*, p. 19,
en *Bulletin de la Société des lettres de Nice*, vol. 13. Cfr. Datta, *Delle libertà del
Comune di Nizza*, p. 69. — M. H. P., *Libr. jur. Reip. Jan. coll*. 870.

(5) V. plus haut, chap. IV, page 20, n. 1.

(6) Datta, Op. cit., p. 300 et 305.

(7) En 1417 Catalan de Solerio est châtelain d'Eze; cette charge fut pendant un certain temps comme héréditaire dans la famille.

dé Lucerna [1] père de Jean [2] et de Barthélemy de Lucerna, lesquels en 1413 étaient sous la tutelle de Guigues de Monte, notaire de Nice; l'autre fille épousa Agaphin *de Solario* [3] d'Asti, dont Pharaon qui continua la descendance dans cette dernière ville.

La famille de Nice forma principalement la branche des seigneurs de Châteauneuf par Antoine châtelain de Pigna, dont nous avons parlé et qui devint en 1412 seigneur de Châteauneuf; ses fils furent Jacques et Jean, qualifiés *de seigneurs de Châteauneuf en 1421.*

Nous indiquerons à titre de curiosité qu'en 1505 un noble Antoine de Solaro fut décapité pour délit de fausse monnaie et qu'en 1509 Jean Barthélemy subit le même sort par cause d'homicide.

C'est pour la première fois en 1448, le 29 mai, qu'on trouve la première mention des Grimaldi comme seigneurs de Châteauneuf.

Antoine de Grimaldi *ut maritus et coniuncta persona nobilis Bone de Solario, filie et heredis nobilis Johannis quondam condomini Castrinovi*, venait de prêter l'hommage lige au duc de Savoie, *pro parte spectante et pertinente ad eandem nobilem Bonam ejus uxorem;* celle-ci à la date indiquée ci-dessus ratifiait cet hommage à Nice, avec

---

(1) Arch. Cam., *Généalogie de la famille de Lucerna.* Cette illustre et ancienne famille Piémontaise qui au xiie siècle concourrut avec les marquis de Romagnan et de Saluces à la dotation de l'abbaye de Staffarda paraît à Nice dès la fin du xive siècle : Hugues de Lucerna y épouse Bénédicte Grimaldi fille de Pierre et sœur de Bigotte mariée à Jean Grimaldi de Beuil. Les fils de Jean de Lucerna furent François, Barthélemy et Jean vivants en 1461.

(2) Jean est qualifié de *puer* en 1412.

(3) *Guigo de Monte tutor et curator nobilis Bartholomei et Iohannis de Lucerna ac Faraonis de Solario, heredum nobilis Bartholomei de Solerio quondam castellani Ysie et Villefranche,* 1413. Il faut bien remarquer que le nom de la famille Solaro de Nice dans le xiiie et xive siècle s'écrivait en latin *de Solerio,* celui de la famille d'Asti *de Solario;* tandis que vers la moitié du siècle suivant on trouve toujours *Solario,* soit à Asti qu'à Nice. On ne peut pas confondre les deux familles, ni admettre ce qu'en dit le P. Angius (vol. 3, p. 972) que les Solaro de Nice soient une branche des Solaro d'Asti: *Agaffino sposò una donna della sua agnazione, che era figlia d'un Bartolomeo Solaro stabilitosi in Nizza dopo la proscrizione* (des Guelphes d'Asti). Cet Agaphin était fils de Jean coseigneur de Moretta. Le P. Angius confond Barthélemy et Antoine Solaro d'Asti, fils d'Etienne dit Bourguignon, avec les Solaro de Nice qui portèrent le même nom; Barthélemy, qui aussi selon Angius, aurait eu une fille marié à Agaphin Solaro, ne peut pas être le citoyen Niçois déjà mort en 1414, car le ms. 89 de la bibliothèque royale dor.. son épitaphe où se trouve la date de sa mort en 1439.

l'assistance de son curateur Antoine Lanerii [1]. Etaient témoins à cet hommage noble Jacques de Adoloxio, seigneur de la Bastide au diocèse de Vence, et maître Jacques Alberti, notaire de Sospel, par devant le notaire Victor Barquerii de Nice [2].

Peu après, le 3 juin 1453, le duc de Savoie, par ses lettres patentes données à Genève, d'après l'exposition que lui faisaient les époux Grimaldi de posséder certaine partie, *certam partem* [3] de Châteauneuf avec le mère et mixte empire et que les autres parts du fief appartenaient à d'autres personnes pour la basse juridiction, tandis que la haute juridiction sur ces parties [4] appartenait au duc, celui-ci considérant *quod merum et mixtum imperium et alta iurisdictio in ipsis reliquis partibus ad nos spectent, illaque ibidem percipere et exercere consueverimus,* sur leur demande, eu égard aux services rendus par Antoine Grimaldi son écuyer et moyennant 360 ducats d'or, il lui donnait en fief le mère et mixte empire qui lui appartenait à Châteauneuf, avec faculté d'élire le juge, châtelain, bailli et autres officiers et d'y élever *furchas, plotos, pilonos et alia patibula et suppliciorum instrumenta ad executionem huiusmodi meri mixtique imperii et omnimodae iurisdictionis :* l'inféodation est faite *pro se et suis heredibus et successoribus universis utriusque sexus* [5].

Comme suite à cet acte d'inféodation, il y a aussi celui du 21 septembre de la même année, fait à Thonon, par lequel Antoine Grimaldi, sans qu'il soit fait mention de sa femme, fait hommage de ce mère et mixte empire au duc Ludovic qui lui en donne l'investiture,

---

(1) Elle n'avait alors que 18 ans, d'après l'acte même, ainsi l'âge de minorité, la puberté durant à cette époque de 12 à 25 ans. Elle fut veuve vers 1490 ; le 2 nov. 1491 avec ses fils Pierre François et Honoré elle vendit à Ludovic Campofregoso une terre à la région *de bosco* ainsi que le canal et droits d'eau qui en dépendaient, pour la somme de 200 ducats (Arch. di Stato, *Nizza*, Mazzo 6, 1). Ce Campofregoso était parent de la dame de Monaco et de Barth. de Lucerna fils de Benvenuta Solaro (CAIS DE PIERLAS, *Documents inédits sur les Grimaldi et Monaco* p. 45).

(2) Arch. di Stato, *Nizza*, Mazzo 34, 1. Doc. auth. sur parchemin.

(3) Les intendants du comté de Nice en citant cet acte disent que les Grimaldi ont exposé au duc de posséder les $^3/_9$ du fief ; on voit que ce n'était pas absolument exact.

(4) D'après l'investiture aux Constantin du 23 déc. 1506, il résulte que les autres parties auxquelles on fait ici allusion sont celles tenues par les Blacas, Bermondi et Baralis.

(5) V. doc. n. VII, Arch. di Stato, *Nizza*, Maz. 34, 2. *Infeudatio Antonii de Grimala* copie auth. par Borré, 20 juill. 1713.

traditione unius dague quam idem dominus noster dux in sua tenebat manu (1).

La haute juridiction sur les portions féodales des Solaro et Grimaldi dépendait donc également de ceux-ci, quoique l'origine n'en soit pas indiquée ; mais la haute juridiction sur les portions du fief des autres coseigneurs, ainsi qu'il est dit dans cet acte, était mise seulement alors sous leur dépendance par le duc de Savoie ; les Grimaldi devenaient par ce fait les plus puissants possesseurs du fief. Il faut pourtant remarquer ici que malgré les expressions qu'on trouve dans l'inféodation aux Grimaldi-Solaro et qui se rapportent à certaines parties du mère empire, il est hors de doute que ceux-ci n'étaient pas les seuls à avoir la haute juridiction sur une partie du fief, les Blacas en jouissaient aussi.

Effectivement Jean Pierre Biglioni qui, le 4 octobre 1470 (2), acheta directement aux héritiers de Pierre Blacas $^1/_5$ du fief, en fit ensuite hommage au duc de Savoie, en précisant que la juridiction comprenait le mère et mixte empire ; c'est en ces mêmes termes qu'il en reçut l'investiture (3) et qu'il passa la reconnaissance le 2 mars 1476 pour le mère et mixte empire, haute et basse juridiction, *cum medietate furni dicti loci et cum castro seu domo ac turri magna sita in dicto castro, cum iuribus omnibus que habebant heredes nobilis Petri Blacassii in ipso loco et territorio ac iure redimendi omnia pignorata et alienata per quondam Petrum Blacassii et ipsius heredes* (4).

---

(1) Arch. Cam., *Atti per feudi*, lett. C 14, maz. 1187, p. 197, *Homagium Antonii de Grimaldis*, copie de chancellerie.

(2) Dans l'investiture à Jean P. Biglioni du 7 mai 1490 nous voyons que celui-ci a acheté le cinquième de Châteauneuf et le huitième de Contes des nobles Jean François, Antoine, Jeanne et Pierrette, enfants de feu P. Blacas par acte du not. Vincent Pellegrini. (Arch. di Stato, *Prot. Michel Ruscatio*, 124, f° 77).

(3) La note du trézain relative à cette acquisition est la suivante : *Recepit a Johanne Petro Bilhoni iudice pro trezeno certe partis Contes et Castrinovi precio 340 florenis, ad racionem unius grossi pro quolibet floreno, iuxta solitum... 35 fl.*; les autres 35 fl. lui sont remis par lettres du 4 déc. 1470. (Arch. Cam. *Comptes de N. Barth. de Faucon receveur*, vol. 41).

(4) Arch. Cam., *Consegn. P. Nitardi*, vol. 543.

Les Blacas devaient donc avoir aussi, comme les Solaro, une partie du fief en haute juridiction et en plus la maison forte de Châteauneuf et la moitié du four.

On se souviendra que les droits de four étaient, d'après l'acte de 1249, partage exclusif d'une seule des branches des Châteauneuf comprenant quatre frères; or, si on observe que l'héritage des deux aînés, qui représente ainsi la moitié des droits de four, s'est consolidé dans la famille Badat, par les diverses phases que nous avons indiquées: que d'autre part l'héritage des deux frères cadets est encore partiellement représenté par la famille Boetti en 1460, comme nous le dirons: que les familles de Revest et de Castellane sont encore existantes en 1389 et paraissent avoir laissé une postérité: que d'ailleurs, à cette dernière époque, celles-ci ne devaient plus avoir part aux droits seigneuriaux sur Châteauneuf: on doit en déduire que c'est par les descendants d'Isnard de Châteauneuf, seigneur de Contes et du Broc en 1271, que la famille Blacas a eu la part de Châteauneuf qu'elle vendit aux Biglioni en 1470 [1].

Les Blacas héritèrent en effet une partie de Châteauneuf vers 1425, comme nous l'apprend une note des comptes du receveur général du comté de Nice, Jacques de Fontana [2]; il reçoit 120 florins de *nobili Petro Blacacii de Carrocio ..... pro eo quod dominus gubernator ipsum admisit ad hereditatem nobilium...* [3] *de Castronovo qui ipsum sibi heredem instituerunt, et ad homagium ratione dicte hereditatis, secundum pacta et conventiones declarandi in litera homagii faciendi, licet sit de unione domini regis Ludovici ; solventi pro dicto Petro, domino Francisco de Carrocio, die 12 aprilis... 120 fl. parvorum.* La lacune qui, bien malheureusement pour l'histoire féodale, a été laissée sur ce registre ne permet pas de savoir d'une manière sûre quelle était la famille dont Pierre Blacas était le successeur, mais les raisons que nous avons données pour le croire héritier d'une branche directe des Châteauneuf nous paraissent assez fortes pour qu'on puisse s'arrêter à cette hypothèse.

---

(1) On a vu plus haut que la part que les Blacas possédaient à Eze leur parvenait de la même source.

(2) Arch. Cam., *Conti di Giac. Fontana ricev. gen.*, maz. 2, vol. 3, f° 82·

(3) Le nom a été laissé en blanc.

Pierre Blacas coseigneur de Châteauneuf vivait encore en 1447 et habitait Châteauneuf: nous l'apprenons par un article des comptes de Gabriel Consoli de Peille, clavaire de Nice, qui nous donne un curieux détail des mœurs de l'époque: il s'agit d'une multe infligée à ce seigneur pour le motif ainsi libellé: *Recepit a Petro Blacasii condomino Castrinovi 2 florenos pape, ad quos cum dicta curia composuit, quare verberasse debuit Margaritam uxorem nobilis Johannis Caysii, sive non permisit eam coligere erbam cuiusdam prati in processu nominati* [1]. Ce Jean Cays, qui devint ensuite coseigneur de Châteauneuf, avait en effet acheté de Pierre Caroli certains pâturages de Châteauneuf, et sa femme devait probablement en son absence l'y représenter

L'achat de ces pâturages nous est démontré par plusieurs documents, parmi lesquels nous nous contenterons de citer la note suivante qui se trouve dans les comptes de Barthélemy Chabod receveur général en l'année 1433: *Recepit a Petro Caroli de Nycia et Johanne Cayssii pro trezeno 25 grossorum servicii annualis per ipsum empti ab Astruga uxore Guigoneti de Monte, quos ipsa percipiebat super pasqueragia Castrinovi per ipsum Petrum emptis et post venditos dicto Johanni pretio 24 florenis, instrumento Laurentio Aude notario... 3 fl.* [2]

La famille de Blacas existait depuis longtemps à Nice. Déjà en 1301, dans l'acte de la procuration faite par les Niçois pour traiter avec le sénéchal de Provence nous voyons comparaître parmi les délégués Pons Blacas [3]; ensuite en 1331 Laugier Blacas seigneur de Carros est viguier de Nice [4]; en 1333 Raymond Blacas reconnaissait d'y posséder une maison au nom de Béatrix sa femme: *Raimundus Blacacii nomine nobilis dominae Beatricis Blacaciae, pro domo iuxta domum Petri Rabini et domum regiam in qua moratur iudex regius in podio castri... reff. sol. duos* [5]. Ce Raymond est syndic de Nice en 1340, seigneur d'Eze en 1350: il porte ces deux titres en 1360.

---

(1) Arch. Cam., *Conti di Gabriele Consoli Clavario*, vol. 19.
(2) Arch. Cam., *Conti di Giac. Chabodi ricev. gen.*, maz. 2, vol. 9, f. 18.
(3) Arch. Com. de Nice, A. 17.
(4) GIOFFREDO, *Storia A. M.*, 3, 128 e 142.
(5) Arch. Cam., *Cod. Leopardus*, f° 20 r.

Pierre, coseigneur de Carros en 1370, est syndic de notre ville en 1405. Antoine, fils de Pierre, ainsi que Raymond, seigneurs d'Eze, vendent en 1414 leur part de Drap, soit un tiers et les châteaux de Laghet et Mérindol au duc de Savoie [1].

Pierre seigneur de Carros, fils d'Antoine, est celui qui le premier de sa famille eut en 1422 une part à Châteauneuf: nous avons vu qu'en 1443 il y tenait sa résidence; ce sont ses enfants qui en 1470 vendirent aux Biglioni leur part de Châteauneuf et de Contes [2]. Une des filles doit avoir épousé Mathieu Marquésan [3].

Telle est la branche principale des Blacas de Nice.

A côté d'elle on trouve cependant d'autres personnages. Ainsi en 1397 Ermelline est abbesse du monastère de Saint-Etienne de Cortina [4]. Vers cette époque une dame Blacas faisait largesse à la cathédrale: *domina Johanna Blacassia dimisit unam domum* [5]. Outre cette mention l'obituaire de la Cathédrale nomme plusieurs autres Blacas ayant fait des legs pieux au chapitre de Nice [6].

La famille de Berre, elle aussi, devait avoir part à la haute juridiction sur le fief. Raybaud de Berre était dejà coseigneur en 1271 et Bertrand en 1331, dans la convention avec le prieur: ensuite Geoffroi aquit, en 1344, de Béatrix Chabaud très riche héritière de François Badat son mari, la part du fief de Châteauneuf que celle-ci possédait et qui était d'une haute importance, puisqu'en elle se réunissaient les droits de la famille Chabaud et ceux de deux branches de Châ-

---

(1) Arch. di Stato *Nizza*, mazzo 10, 3,

(2) Arch. di Stato, *Prot. Ruscatio*, vol. 124, f° 77 et *Nitardi Consegn.* vol. 543.

(3) Nous avons trouvé mention de la vente faite le 20 décembre 1531 à la commune d'Eze, par Marthe de Costa femme de Barthélemy Galleani et au prix de 700 florins, d'un service annuel de 20 fl., qui lui était parvenu par succession de François Gioffredo fils de Christophe, comme ayant droit de Mathieu Marquésan héritier de noble Blacas (*Recueil Ms. Niçois*, vol. 2, 363).

(4) Ces abbesses ajoutaient parfois à leur titre la locution de *Dei gratia*. Nous avons rencontré en 1422 Philippine de Cabris, en 1445 Isabelle de Fosses, en 1476 Philippine Riquieri, en 1508 Antoinette Giraudi, en 1531 Genevrette Flotte.

(5) Obit. de l'ancienne cathédrale de Nice.

(6) Cfr. pour cette famille, COURCELLES, *Hist. des pairs de France*, vol. XI, et arch. de Marseille, B. 759, 760, etc.).

479

teauneuf, soit un tiers et deux douzièmes. Ils ajoutèrent encore à leurs possessions sur le fief en achetant de nouvelles portions aux Grimaldi vers 1460, d'après une sentence sénatoriale du 25 juin 1470 présentée plus tard par la famille Peyre, où il est dit que Raphaël Martini, ainsi que Foulque et François de Berre, avaient part à la juridiction de Châteauneuf par la vente que Grimaldi leur avait faite du mère empire et haute juridiction sur les parties qu'il n'avait pas cédées aux Constantin [1]. Un siècle plus tard on parle encore de ce mère empire, mais la provenance en a été oubliée. C'est ce qui résulte par une phrase qu'on remarque dans la reconnaissance passée le 25 janvier 1550 par Jeannette de Grimaldi fille de feu Claude de Constantin, par Barthélemy Galleani comme administrateur des biens dévolus à ses enfants par Françoise de Constantin leur mère, ainsi que par les deux frères Milan et Sylvestre de Constantin, cousins desdites dames ; à eux trois il représentaient la moitié de la part de Châteauneuf qui jadis avait été achetée aux Grimaldi par Thomas et Milan de Constantin. La phrase à remarquer est la suivante : *Item recognoverunt et confessi fuerunt tenere ut supra ab eodem domino nostro in dicto loco merum imperium in omnibus que ibi tenent et possident heredes nobilis quondam Johannis de Belmundis et heredes nobilis Petri Blacachi et nobilis Bartholomei Baralis condomini dicti loci et totius loci, exceptis in portionibus quas ibi habent nobiles Bartholomeus Roccamaure filius quondam nobilis Johannis fili quondam Guigonis, nec non heredes seu causam habentes nobilis Fulconis de Berra, quibus, ut asseritur, per nobilem Antonium de Grimaldis quondam venditum fuit predictum merum imperium : et casu ita non esset, regnoscunt dictum merum imperium totius loci, modis et formis quibus eis fuit laudatum* [2].

On voit par cet article qu'à cette époque on n'avait plus qu'une vague tradition de la manière par laquelle le mère empire était parvenu aux Berre et aux Roquemaure ; c'était cependant par vente des Grimaldi qu'il était passé aux Berre et à Raphaël Martini ; ce dernier

---

(1) Arch. Cam., *Atti per feudi*, vol. 14, pag. 43 annotation.
(2) Arch. Cam., *Atti per feudi*, , vol. 14, p. 206.

avait ensuite vendu à Antoine Roquemaure, dont la fille Honorée, en épousant Jacques Galleani, lui porta l'héritage de cette branche [1]; d'autre part Ludovic Martini, fils de Raphaël, vendit à Jean Roquemaure, le 6 février 1495 et par acte de Nitardi, les deux neuvains du mère empire, qui sont ceux dont il est question dans la reconnaissance des Constantin.

Ce ne serait pourtant pas invraisemblable que les Berre, qui avaient déjà part à la juridiction en 1271 et avaient rendu de notables services aux rois de Sicile, eussent reçu par ceux-ci une part du mère empire sur ce fief.

XI.

Les seigneurs de Châteauneuf à la fin du XVe siècle. — La famille de Bermondi. — La famille de Constantin. — Les familles Biglioni, Morinello, Capello, Buschetti, Martini, Roquemaure.

Les droits que les nombreux seigneurs de Châteauneuf eurent dans ce fief pendant les trois derniers siècles de la féodalité dérivèrent principalement des ventes qui furent faites à la moitié du xve siècle par les familles Grimaldi, Bermondi, Blacas et Baralis, en partie aussi par les Martini qui, après avoir acheté, revendirent leurs portions, ainsi que par les Berre, les Cairaschi et les Boeti.

Les anciennes familles de Châteauneuf s'éclipsèrent presque toutes, pour ce qui regardait ce fief et les nouveaux seigneurs eurent bientô une notable préponderance.

Nous avons déjà indiqué la vente plus ancienne, celle des Roquemaure aux Solaro; selon l'ordre chronologique il se présente maintenant celle de Jean de Bermondi à Raphaël Martini.

Les Bermondi étaient devenus coseigneurs de Châteauneuf par succession et, quoiqu'on ne puisse le déterminer d'un façon précise, probablement par héritage des Revest.

____

[1] Celle-ci fut investie d'un tiers de neuvain le 22 déc. 1480.

On en trouve les premiers indices en 1404 dans les comptes du receveur général Jean Malet des Echelles, par la note suivante : *Recepit ab Onorato Belmondi, pro eo quia Anthonius de Chiel locumtenens posuit ipsum in possessionem Castrinovi, in quo fut idem Onoratus Bermondi heres institutus; et fuit factum pactum cum eodem, quod si ipse deberet solvere trezenum de dicta institutione dicti Castrinovi, quod subscripta quantitas sibi deduceretur de dicto trezeno* [1].

Cette note, à elle seule, ne nous apprend pas à quelle famille Honoré Bermondi avait succédé [2]; pourtant on pourrait en faire la recherche en reprenant le testament fait par Delphine de Revest en 1385. La testatrice, veuve de Manuel Ranulphi seigneur de Gilette, donne la qualification de nièce à Catherine femme de Berton de Bermondi [3], laquelle était la propre fille de Jean ou de Jacques de Revest, frères de ladite dame de Revest. On a vu plus haut Jean de Revest coseigneur de Châteauneuf en 1311: celui-ci était père de Jean, Jacques et Delphine; rien de plus naturel que par ce moyen la part du fief de Châteauneuf, fief essentiellement féminin, soit passée des Revest à Oberton de Bermondis.

Nous avons pareillement trouvé une transaction de 1423 entre Honoré de Bermondis et Isnard Laugier seigneur des Ferres pour certaine part de Bonson [4]; ce fait confirme notre supposition [5].

Cela résulterait aussi par la circonstance suivante. Charles Bermondi, fils de Jean et petit-fils d'Honoré, possédait la moitié du four de Châteauneuf, ainsi qu'il est dit dans la reconnaissance passée par Antoine Roquemaure le 17 novembre 1550 : *quae quidem tertia pars hereditatis dicti quondam Georgii Baralis consistit in dominio iurisdictionis basse dicte medietatis ... et ulterius dimidiam* (il y manque

---

(1) Arch. Cam., *Conti di Giov. Maleti ricevitore gen.*, maz. 1, rotolo 1.

(2) Nous avons trouvé encore le 15 janvier 1421 *Honoratus de Bermundis condominum Castrinovi, testes.*

(3) Celui-ci signe comme témoin en 1379; *dominus Bertonus Bermondus de Nicia* (Arch. di Stato, *Nizza*, mazz. 18, 1).

(4) Boyssono.

(5) Arch. Cam. *Conti di Giac. Fontana ricevit. gen.*, maz. 2, vol. 4, f. 54.

un mot) *et fornagii dicti loci indivisi cum communitate dicti loci, acquisitam a nobili Carolo de Bermundis* [1].

Or, d'après les actes de 1249 et 1311, on sait que la famille de Revest, en qualité de descendante des quatre frères de Châteauneuf, avait part au four dudit lieu, que d'autre part les Biglioni avaient la moitié du four; ainsi l'autre moitié, passée à une époque postérieure aux Bermondi, devait leur être parvenue par les Revest.

On a donc le droit de supposer qu'Obert Bermondi est le père d'Honoré, premier coseigneur de la famille, et le grand-père de Jean.

On peut maintenant rechercher quels étaient les ascendants d'Obert de Bermondi.

Leur origine doit être fort noble. Ils doivent descendre des vicomtes de Nice, ou peut-être mieux des anciens seigneurs de Dromon, comme les Châteauneufs.

On les trouve à Nice dès une époque très reculée, tenant dans la ville une position éminente. C'est une des familles consulaires; en 1146 Pierre Bermondi est consul, ses frères s'appellent Raimbald et Obert [2]; en 1210 Guillaume est consul [3]; en 1229 Obert, Pierre et Guillaume prennent part à la rebellion des Niçois en faveur de Gênes et sont exilés par le comte de Provence [4]; il se sont réfugiés à Peille, où on les trouve en 1255, 1272, 1293 [5]. De nouveau à Nice en 1305, Bermond de Bermondis intervient à la réunion plénaire des habitants [6]; en 1318 il est témoin au testament de François Badat [7]; en 1321 il est mentionné parmi les citoyens de Nice [8]; en 1333 il possède des biens à Nice [9]; en 1333 Françoise sa veuve porte la qualification de *domina* [10]. En 1343 Jacques Ber-

---

(1) Arch. Cam., *Atti p. feudi*, vol. 14, p. 213.
(2) *Cart. Cath.* de Nice, 25, 24, 62.
(3) GIOFFREDO, *Storia A. M.*, 2, 229.
(4) CAIS DE PIERLAS, *Le testament de Jourdan Riquier*, p. 17, en *Bulletin de la Société des lettres*, vol. XIII.
(5) Arch. de Peille B. 1, B. 2, D. 1.
(6) DATTA, *Delle libertà comunali di Nizza*, p. 301.
(7) V. doc. IV.
(8) GIOFFREDO, *Storia A. M.*, vol. 3, 88.
(9) Arch. Cam., *Registre Leopardus*.
(10) Arch. Cam., *Ibid.*

mondi est conseiller de la ville de Nice [1]. Suivent ensuite successivement Berton (1379-1385), Honoré (1421-1425), Jean en 1440.

C'est lui qui le 21 juillet 1441 possédait la troisième partie du fief, soit 3 neuvains, ce qui faisait 216 points de basse juridiction et en était investi *pro se et suis successoribus universis, de more patriae Provinciae ad talia capacibus*, par Nicode de Menthon gouverneur de Nice [2].

Le 8 juin 1448 le même seigneur n'était plus investi, par le gouverneur Lancelot de Luyrieux de Beaufort, que de deux tiers de la tierce partie de sa première juridiction, soit 144 points [3]; c'est que dans l'intervalle, le 28 août 1447, il avait vendu à Raphaël Martini $^1/_3$ de ce qu'il possédait, soit 72 points [4].

Ensuite le 24 mars 1456 il vendait à Guigues Roquemaure le quart des $^2/_3$ qui lui restaient, soit 36 points *cum tribus hominibus et tribus casamentis, servitiis et honoribus*, pour le prix de 250 florins [5].

Le 17 mars de la même année il vendait à Raphaël Martini un tiers du $^1/_3$ de toute la juridiction, soit 72 points [6].

Les parties vendues étaient de basse juridiction, ainsi qu'il résulte par l'investiture accordée a Guigues Roquemaure le 27 mars 1456, où il est dit de Bermondi : *asserens se fuisse dominum dicti castri pro*

---

(1) GIOFFREDO, *Storia A. M.*, vol. 3, 196.

(2) Arch. di Stato. *Nizza add.*, maz. 4 (Copie auth. du not. Ant. Calvi de Nice, 10 août 1742).

(3) Ibid. Sont témoins *nobiles Ludovicus Malopera receptor , Raphael Martini, Antonius Grimaldi et Obertus Galeani apothecarius de Nicia* (Copie auth. *ut supra*).

(4) Ainsi qu'il résulte par les actes d'investiture de la famille Peyre que nous possédons, comme seuls représentants d'une des branches de cette famille.

(5) Arch. Cam., *Titoli per feudi e ragioni d'acque*, maz. 7, fasc. 104, p. 451 : copie auth. not. Robini de l'acte d'investiture 27 mars 1456 à Guigues Roquemaure. La note du trézain est la suivante: *Recepit a nob. domino Guigoni de Rochamaura jurisperito, pro trezeno tercie partes unius tercii loci de Castronovo per ipsum empti a nob. Joh. de Belmundis pretio 250 fl., constante instrumento recepto per Honor. Auricule die 24 marcii anno 1456... 15 fl.* (Arch. Cam. *Comptes de N. Barth. de Tegerano*, vol. 25).

(6) Dans les comptes de noble Etienne Rossetti receveur clavaire de Nice, années 1447, 1448, nous trouvons qu'il a reçu le trézain de Raphaël Martini *per eum debito pro rebus per eum acquisitis a nob. Honorato de Bermundis tam terris quam redditibus sitis in territorio Castrinovi, pretio* 430 *florenis.* (Arch. Cam. vol. 19).

feudo nobili et pro tertia parte que ad mixtum imperium et iurisdictionem bassam tam in homines quam alias ... participare poterat ... novissime vero ... vendiderit nobili Guigoni quartam partem dictarum duarum partium tertie partis, etc.

Il lui restait donc un demi neuvain, soit 36 points [1].

En effet, Charles Bermondi, fils de Jean, en reçut l'investiture le 28 novembre 1505 [2].

Son fils Jean Emanuel, dans la reconnaissance du 16 novembre 1532, paraît seigneur de la même quote.

Paul son fils reçut la même investiture le 18 juillet 1573 ; il fut père de Jacques qui vendit à André et Jacques Martini d'Utelle [3] la moitié de ce qu'il possédait, soit $^1/_4$ de neuvain, égal à 18 points ; en effet les Martini furent investis de cette portion le 25 février 1587 [4] et Jacques Bermondi pour une part égale, le 12 juillet de la même année [5].

Nous ne suivrons pas plus loin la généalogie de la famille Bermondi qui s'éteiguit il y a peu de temps [6].

---

(1) Outre les 3 neuvains que les Bermondi possédaient en 1441, d'autres parts durent leur parvenir par achat depuis cette époque, car le 2 juin 1460 ils en vendirent un neuvain à Antoine Grimaldi, comme en fait foi l'article du comte d'Etienne Rossetti receveur général du comté (Arch. Cam. Vol. 29). *Recepit a nob. Anthonio de Grimaldis pro trezeno unius noveni empti per eundem a N. Joh. de Belmondis loco Castrinovi, cum mixto imperio et bassa jurisdictione, cum 5 hominibus, eorum casamentis cum libris 8 et solidis 12 parv., quos percipiebat annis singulis de comunitate ipsius loci, videlicet super questa domini dicti loci, cum omnibus eidem venditori iuribus premissis pertinentibus, pretio 300 fl. Et sibi facta gratia de dicto trezeno, ut de premissis constat instrumento sumpto per Antonium Auricule de Nicya 2 jun. anno domini 1460... 23 fl.*

(2) Arch. di Stato, *Prot. Trolliet.*

(3) Jacques Martini d'Utelle, fils de Jean et petit-fils d'Antoine, vivant en 1503, avait épousé Françoise Bermondi sœur de Jacques ; André fut secrétaire apostolique à Rome, Jeanne leur sœur épousa Ludovic Parisii.

(4) Arch. Cam., *Consegn. Giuglaris,* p. 74.

(5) Ibid., p. 56.

(6) D'une branche restée à Peille on trouve, le 10 nov. 1404, *Bermond Bermont alias Laugeri* qui avec noble Antoine Chabaudi est procureur de la commune de Peille pour reconnaître la somme de cent sous *parvorum* que celle-ci doit à Raynaud Bonseigneur (Arch. de Peille, C. 8). De cette branche était Siacre *Bermondi alias Laugeri* de Peille en 1483 (C^u Clav. di Nizza, vol. 29), il fut clavaire de Nice en 1480 et il est nommé seulement Bermondi (ib., 25), tandis qu'en 1482 il est clavaire et nommé seulement Laugeri (ib., 27). En 1521 on trouve Jean Bermondi et ensuite Ludovic Bermondi *detto Laugero*
485

Les Grimaldi, de leur côté, vendirent une partie de la juridiction qu'ils avaient à divers acquéreurs, dont les principaux furent les Constantin.

Ce fut d'abord $1/_3$ de neuvain, vendu le 4 avril 1456 [1] à Antoine Roquemaure; ensuite le 8 mai 1460 à Raphaël Martini [2] une part de haute juridiction [3]; le 20 septembre 1461 à Guigues Roquemaure la moitié d'un neuvain avec le mère et mixte empire [4]; le 4 avril 1465 à nobles Milan et Thomas Constantin citoyens de Nice, deux neuvains et demi du mère et mixte empire, haute et basse juridiction sur les portions de Pierre Blacas, Jean Bermondi et Barthélemy Baralis.

La partie essentielle de l'acte de vente aux Constantin est la suivante.

Antoine de Grimaldi et Bonne de Solaro, sa femme, vendent... *in solidum et prout ad unum quemque pertinet et spectat... omne ius..., quae iura vendita ut supra, novenos duos cum dimidio totius iurisdictionis dicti castri et territorii... item et merum imperium et altam iurisdictionem quam habent ipsi nobiles venditores tam coniunctim quam divisim in dicto castro, loco et territorio de Castronovo, in et super porcionibus nobilis Petri Blacassii sive suorum heredum, Johannis de Bermundis et Bartholomei Barralis, condominorum dicti loci, cum omnibus iuribus ad dictum maius imperium pertinentibus, salvis tamen et reservatis iura superioritatis domini nostri ducis.*

Le prix est de 2500 florins. L'acte se passe à Nice par le notaire Mondino Toesca de Saorgio, à la présence de Cosme Grimaldi, Pierre Capello et Véran Alberti citoyens de Nice [5]. Le 22 mai les

---

fils de Jacques Bermondi de Peille, qui le 2 février 1567 épouse Louisette fille de noble F. de Brandis. Il est curieux d'observer que les Bermond coseigneurs de Châteauneuf et les différentes familles Laugeri portaient toutes, comme pièce principale de leurs armes, *d'or à trois pals d'azur.* On les voit sur le tombeau de la noble famille Laugeri à Valdobloure.

(1) Arch. di Stato, *Nizza*, mazzo 13.

(2) *Atti per feudi*, vol. 14, p. 112, copie auth.

(3) Ainsi que cela résulte de la note du trézain payé par Raphaël Martini: *pro trezeno maioris dominii Castrinovi empti a nobili Ant. de Grimaldis condomino eiusdem loci... 25 fl.* (Arch. Cam., *Comptes d'Etienne Rossetti,* vol. 33).

(4) Ibid., p. 58.

(5) Arch. Cam., *Titoli per feudi e ragioni d'acque,* n. 105, f° 473. Copie auth., M notaire.

deux frères Constantin en passent reconnaissance et reçoivent l'investiture par le vice-gouverneur Pierre de Seyssel bâtard d'Aix, conseiller ducal, à la présence de Jacques d'Alberti docteur en droit de Nice et de Pierre Faucon jurisconsulte du Puget : Vincent Pellegrini notaire [1].

Les droits ainsi acquis par les Constantin étaient fort notables, c'étaient 180 points du fief, plus la haute juridiction sur la plus grande partie des autres points ; ils achetèrent encore le 27 novembre 1477 le vingtième d'un neuvain de la basse juridiction à Christophe Cays et à Andrieta sa femme.

Dans la reconnaissance passée en 1550, le 25 de janvier, par Jeannette de Constantin épouse de Barthélemy Grimaldi et par Barthélemy Galleani, veuf de Françoise de Constantin, au nom de ses enfants, ainsi que par Sylvestre et Milan de Constantin leurs cousins, on trouve ces parties de juridiction ainsi déclarées ; l'acte est assez intéressant pour ce qui a trait aux différents droits des coseigneurs, et nous en citons les passages suivants [2].

Pro cuius iurisdictione revelaverunt et recognoverunt ut supra, habere et habere debere ibidem iudicem et baiulum ac plotum et furchas.

Item, et in eodem castro domum unam satis damnificatam.

Item, unum pratum cum grangia loco dicto la Saurea, cuius prati certa pars reddit unum graniolum feni, quam partem ignorant, ideo ipsam non declarant.

Item, unam vineam in eodem territorio loco dicto los Clarez, iuxta vineam nobilis Petri Blacatii.

Item, unum hortum subtus villam, dictum vulgariter lou vergier.

Item, in eodem loco unum campum loco dicto in Trohard, cum domo in eodem existente et suis iuribus.

Item, unum molendinum cum domo ipsius molendini et suis pertinentiis.

---

(1) Arch. Cam., *Titoli per feudi e ragioni d'acque*, n. 105, f° 477. La note du trézain est la suivante : *Recepit a magistris Millano et Thoma Constantinis fratribus de Nicia pro parte castri de Castronovo eisdem vendita per nobiles Antonium de Grimaldis ... nam eius uxorem...* 200 *fl. 4 den.* (Arch. Cam., *Conti di Stefano Rossetti*, vol. 36).

(2) Arch. Cam., *Atti per feudi*, vol. 14, p. 206. Copie de chancellerie.

Item, alium campum loco dicto las condaminas.

Item, alium campum loco dicto la Laureta.

Item, houragia averium hominibus recipienda.

Item, averia eorum libere depascendi in dicto territorio.

Item, laudemia et trezena percipienda de possessionibus quae sub eorum dominio tenent cum iure commissi.

Item, jus boscandi in dicto territorio.

Item, vendendi nemorum pro eorum rata.

Item, vendendi herbagia pro eorum rata.

Item, cassamenta eorum, quae cassamenta dum revertuntur ad eos uni alii dantur, iuxta dicti loci consuetudinem et sicut sunt in possessione.

Item, de novem partibus bannorum, duas cum dimidio.

Item, de herbagiis. Item, de nemoribus, lignis, passagiis et veniationibus.

Item, de penis, latis, contumaciis, criminalibus et aliis omnibus ad bassam jurisdictionem pertinentibus, de novem partibus duas cum dimidio.

Item, in pertinentibus ad merum imperium totum.

Item, ab hominibus eorum quando delinquunt totum.

Item, percipiunt a communitate dicti loci anno quolibet in festo Sancti Michaelis libras 26 et solidos 13 parvorum pro quista.

Item ab eodem comunitate pro bandita, in festo Omnium Sanctorum, libras 9, solidos 3 et denarios 4.

Item, pro juribus pasqueragiorum de grossis novem cum dimidio.

Item, a quolibet eorum homine, in festo nativitatis Domini, saumatam unam lignorum portatam in domo.

Item recognoverunt et confessi fuerunt tenere ut supra ab eodem domino nostro in dicto loco merum imperium in omnibus quae ibi tenent et possedunt heredes nobilis quondam Johannis de Belmundis et heredes nobilis Petri Blacachi et Bartholomei Baralis condomini dicti loci et totius loci, exceptis in portionibus quas ibi habent nobiles Bartholomeus Roccamaurae filius quondam nobilis Johannis filius quondam Guigonis, nec non heredes seu causam habentibus nobilis Fulconis de Berra, quibus ut asseritur per nobilem Anto-

*nium de Grimaldis quondam venditum fuit dictum merum imperium,
et casu ita non esset, recognoscunt dictum merum imperium totius
dicti loci modis et formis quibus eis fuit laudatum* [1].

Une famille étrangère à Nice, vers la moitié du xve siècle vint
prendre place parmi les coseigneurs de Châteauneuf et succéda dans ce
fief et dans celui de Contes aux Blacas ; ceux-ci, en personne de Jean
François, Antoine, Jeanne et Pierrette vendirent le 4 octobre 1470
à Jean Pierre Biglioni, citoyen de Mondovì [2] et juge mage de Nice,
le cinquième de tout le fief de Châteauneuf [3]. Il mourut en 1499
en laissant un fils, Jean Antoine, sous la tutelle de sa mère Marguerite
Ceva de Saint-Michel [4]. Nous lisons dans l'acte d'investiture qu'il avait,
outre tous les droits de justice et terres féodales, un manoir : *cum
castro seu domo ac turri magna sita in dicto castro.*

Il est fait mention de cette tour dans la reconnaissance de la
commune en 1559, le 16 janvier et nous voyons qu'elle appartenait
alors au duc, que la partie inférieure servait de prison et qu'au
sommet existait une chambre où se tenait un gardien en temps de
guerre ; sur le portail de la tour la commune devait faire peindre les
armoiries ducales [5]. Cette tour fut vendue, le 14 novembre 1559,

---

(1) Les Constantin vendirent peu après, en 1470, à nob. Antoine de Roquemaure la
27me partie du mère empire sur le fief, comme on l'apprend par le paiement du trézain:
*Recepit a nob. Antonio de Rochamaure pro 27ª parte meri imperii et alta iurisdictione
loci de Castronovo eidem vendite per nob. Millanum condominum ipsius loci precio
20 fl... 20 gr.* (Cu del Clav. Stefano Rossetti, vol. 40).

(2) On trouve en 1239 à Mondovi *nobilis Ambroxinus Biglonus iurisperitus et notarius publicus.* GRASSI, *Storia della chiesa di Mondovì*, 2, 40.

(3) Arch. Cam., *Atti per feudi*, Maz. 14 C. fasc. 1187, p. 194. Les Biglioni avaien-
acquis par le même acte 1/8 de Contes. Ils le revendirent l'année suivante le 22 juin au duc
de Savoie pour le prix de 200 florins. La commune représentée par ses syndics, Bart. Travaque
et Ant. Cauvin, avait aussi acheté au nom du duc de Savoie le 8 mai 1468 1/9 de Contes aux
frères Jean et Boniface Boetti pour le prix du 90 florins. (Arch. di Stato, *Nizza*, maz. 34).

(4) Arch. di Stato, *Nizza*, maz. 34, 3.

(5) *Item, recognoverunt quod eius altitudo habet in dicto castro unam turrim exi-
stentem penes domum nob. Johannis Morinelli, in cuius fundo ipsi homines et comunitas
Castrinovi teneatur habere carceres ducali excellentiae spectantes, pro custodia capti-
vorum, ac et unam cameram in summitate ipsius turris, in qua tempore suspicionis
guerrae unus custos comode residere possit et teneantur syndici in summitate et super
portale ipsius turris dipingi facere arma ducalia.* (Arch. Cam., *Atti per feudi*, p. 218,
489

avec certains points de juridiction à noble Thomas Morinelli employé à la gabelle du sel [1], qui le 14 août 1546 avait acquis des héritiers de Martin Barralis une part de Châteauneuf.

Les Biglioni ne jouirent plus longtemps de cette seigneurie, car vers 1505 Jean Antoine fut condamné par crime de lèse majesté et de haute trahison et ses biens et fiefs lui furent confisqués.

Nous n'avons pas découvert les motifs de cette rigueur et de la confiscation, malgré qu'il en soit fait mention bien souvent dans les pièces qui regardent la part de juridiction qui lui avait appartenu ; dans la reconnaissance passée par la commune, le 16 janvier 1559 les motifs de la confiscation sont indiqués ainsi : *quod cum reflexis annis, instante procuratore nostro fiscali, processus fuerit contra Johannem Antonium de Monte Regali, filium quondam Johannis Petri, intitulatum de quampluribus enormibus et atrocibus delictis, ad varias penarum declarationes, confiscationemque bonorum suorum quorumcumque, ac alia iurisremedia,* etc. [2].

On commença par donner son fief à Camille Biandrate de St-Georges, qui en fit achat de la cour le 16 août 1516, pour le prix de 3300 florins et 200 écus du soleil et en fut investi [3].

Ensuite la commune de Châteauneuf, le 24 juin 1518 acheta au nom du duc une petite part, que François Baralis avait par indivis avec Jeanne et Catherine Baralis, soit le quart du tiers d'un neuvain, pour le prix de 225 florins [4], et bientôt après, le duc ayant repris la partie cédée à Biandrate, il la revendit à la commune pour le prix de 800 écus d'or du soleil [5]. Le duc se réserva la haute juridiction, les bans champêtres et la cense de 7 florins. Ensuite, par lettres patentes du 15 juillet il accorda à la commune le droit d'élire le bailli, de construire des moulins moyennant le service d'un

---

(1) Arch. Cam., *Atti per feudi,* p. 330. Ce Thomas Morinelli, établi à la Turbie, était originaire de Levanto près de la Spezia: il avait épousé Françoise Riquieri. Bonacorse son neveu épousa Cassandre Roquemaure. En 1567 on trouve la famille Morinelli associée pour le commerce des bois à une famille de Lantosque.

(2) Arch. Cam., *Atti per feudi,* p. 218.

(3) Arch. di Stato, *Prot. Vulliet,* vol. 136, f. 49. Ibid., 138, f. 139.

(4) Arch. Cam., *Titoli per feudi e ragioni d'acque,* vol. 7, p. 184.

(5) Ibid., 138, f. 139.

florin par roue; il s'engagea en outre, moyennant un donatif de 60 écus d'or du soleil, de ne plus aliéner la part de juridiction qu'il possédait.

La commune augmenta plus tard sa portion du fief en achetant, le 27 août 1582, de Jean François Morinello la moitié du tiers d'un neuvain au nom du duc.

Les droits réciproques de la couronne et de la commune n'étaient pas bien clairs; ainsi le duc Charles Emanuel ayant cru de pouvoir inféoder à Léonard Capello ces parts de juridiction, la commune protesta et réussit à faire annuler l'inféodation moyennant un nouveau donatif de 300 écus d'or et une indemnité pour les laods qui devaient se payer chaque 20 ans, en la somme de 100 écus d'or [1].

La commune cependant se trouvait dans de tristes conditions financières, sourtout pour une dette envers le procureur Gilette; aussi, par acte du 16 novembre 1636, elle vendit à Dominique de Constantin, Camille Trucchi et Jean André Capello [2] la juridiction qu'elle possédait, les bans, terres incultes, moulins à blé et à huile, $^1/_9$ des bandites supérieures, la moitié des bandites de Revel et des droits de four pour le prix de 4950 écus d'or: elle se réservait la faculté de tenir une boucherie, le droit de pâturage pour 20 moutons pour chacun des trois hameaux; chaque particulier pourrait tenir quatre vaches, une chèvre, un mouton, un cochon et une bête de selle: s'il en tenait davantage, il paierait 12 sous annuels par tête de bétail; il était encore tenu de payer aux seigneurs le vingtième des fruits des

---

(1) Arch. Cam., *Patentes du 12 déc.* 1584.

(2) La famille Capello n'a pas l'origine qu'on veut bien lui attribuer; elle était de la Turbie, mais comparaît dans le parlement des Niçois en 1302 et 1305 (DATTA, *Delle libertà comunali di Nizza*, p. 292 et 302), par la raison que la famille y possédai aussi des biens, comme cela s'observe pour plusieurs autres familles. C'est ce qui fait que nous la trouvons registrée en 1333 dans le registre *Leopardus*. Effectivement en 1365 Jean Capelli est notaire de Nice. En 1411, 1416, 1438, en la personne de *Petrus Andrée alias Capelli*, elle paraît à la Turbie avec la charge de receveur des péages de la frontière et comme bailli de ce lieu. Arch. Cam. C^li *Ricevitore Fontana*, vol. 2 et *Chabodi*, vol. 6); en 1428 *Petrus Capelli olim baiulus Turbie* est condamné *eo quia certas inquisitiones celavit in preiudicium curie.* (Arch. Cam., C^li *Clavari*, vol. 7). Ce fut la tige de la famille; Giraud son fils épousa la fille de *G. Serviancia* et en 1450, avec Milan Constantin et Jacques Fiancia *alias* Rougon, il héritait de son beau-père (Arch. di St. *Nizza*, maz. 5, 9 et Arch. Cam. C^li *Clavari*, vol. 3, 20 et 24).

491

terres incultes; ceux-ci, d'autre part, devraient payer les cavalcades, et les laods qui pourraient être dus au duc, les 42 écus d'or dus aux Constantins et les 100 écus d'or pour lesquels ont s'était engagé envers la couronne, dans le cas où ceux-ci seraient prétendus. L'ancien fief des Biglioni se fractionna ainsi en de très petites portions.

Nous devons ajouter aux familles des coseigneurs de la moitié du xve siècle celle des Baralis, famille de Lucéram et ayant, avant même cette époque, une position fort distinguée, car en 1412 nous avons trouvé noble Ludovic Barralis de Lucéram capitaine et châtelain du château de Malaussène [1], en 1431 noble Guillaume qualifié de Châteauneuf, qui l'année suivante est commandeur de Braus [2]. Elle comparaît à Châteauneuf dans la sentence arbitrale de 1443 en personne de Barthélemy Baralis [3] et il y a tout lieu de croire qu'il possédait un neuvain entier.

Avec Bruge, sa femme, il vendit à Antoine Roquemaure, le 8 octobre 1448, ¹/₃ de neuvain [4] soit 24 points; ensuite il vendit à Raphaël Martini la moitié du ¹/₃ d'un neuvain, soit 12 points, qu'il devait posséder par indivis avec les Grimaldi et Bermondi. Ses successeurs ne conservèrent que le reste du neuvain.

Barthélemy Baralis eut trois fils : Georges, Antoine et François.

Georges fut père d'Andréine, et celle-ci, le 19 juin 1506, vendit à Jacquet Grimaldi de Gattières, pour le prix de 100 florins, la part de basse juridiction qui lui était échue sur l'héritage paternel, sur celui de Jeanne sa mère et de Sauveur et Antoine Baralis ses frères.

Apollonia, veuve de ce Grimaldi et Honorée, leur fille, vendirent

---

(1) Arch. Cam. *Conti dei riccvitori generali*, Maz. 2, vol 2.

(2) Arch. Cam. *Conti dei clavari*, vol. 9 e 12.

(3) Barthélemy Baralis était de Lucéram. En 1407 il existait dans ce village 28 familles de ce nom (Cauvin, *Hist. de Contes*, p. 171, d'après les notes ms. de D. Boniface à la bibliothèque municipale de Nice).

(4) Arch. Cam., *Atti per feudi*, p. 112. La note du trézain est la suivante: *Recepit a nob. Ant. de Rocamaura pro trezeno certo partis castri Castrinovi eidem vendite Bart. Baralis.* etc. (Arch. Cam., *Comptes d'Etienne Rossetti*, vol. 36).

le 25 août 1533 à Barthélemy Roquemaure cette portion, qui était la moitié du $\frac{1}{3}$ de la troisième partie, soit 4 points [1]. Sauveur, frère d'Andréine, en avait vendu une égale quantité à Catherine et Jeanne ses cousines.

François Baralis, frère de Georges, vendit à la commune une partie de ce qu'il avait, soit 4 points de juridiction [2].

Antoine Baralis, autre frère des précédents, eut un fils, Martin, père de deux filles, Catherine, mariée à noble Ambroise Cauvin de Lucéram et Jeanne, mariée à égrége Honoré Cauvin notaire au Villar; elles possédaient 8 points du fief, ainsi qu'on le voit par la reconnaissance de ladite Catherine du 14 mars 1542 [3]. Celle-ci en vendit une part à Thomas Morinelli de la Turbie qui en fut investi le 2 décembre 1546.

Son fils Bonacorso, qui épousa Cassandre Roquemaure, ayant perdu son mari et son fils en 1588, demanda et obtint de succéder à ce dernier. Elle épousa en secondes noces Louis Trucchi et lui apporta de cette façon une petite part du fief [4].

Guillaume Baralis fils de François vit, lui aussi, sa coseigneurie confisquée par sentence du 19 novembre 1553, sous l'imputation de lèse majesté; sa part représentant 8 points fut vendue à la commune pour le prix de 50 écus et inféodée le 9 mai 1559 avec les droits de mère et mixte empire.

Deux autres familles, que nous avions vues dès l'année 1311, se retrouvent encore ici: ce sont celles des Boetti et des Caras ou Cairaschi, dont les possessions passèrent à la famille Roquemaure et Martini.

Les premiers en les personnes de Boniface et Jean Boetti habitants de Sospel [5] et coseigneurs de Contes, vendirent leur part à Guigues Roquemaure le 5 septembre 1461.

---

(1) Arch. Cam., *Consegn. de Porta*, vol. 553, f. 88, reconnaissance du 26 août 1533 par Barthélemy Roquemaure, fils de Jean, fils de Guigues.

(2) Arch. Cam., *Atti per feudi*, p. 119.

(3) Arch. Cam., *Titoli per feudi e ragioni d'acque*, p. 496.

(3) Arch. Cam., *Atti per feudi*, 1171 e *Dichiarazione Camerale*, fasc. 15 *dic.* 1588.

(5) Il y possédaient une tour pour laquelle ils passent reconnaissance en 1458; *noti Johannes Boeti et Bonifacius recognoverunt unam turrim sitam in castro Sospi- iuxta carreriam et iuxta palatium episcopi.* (Arch. Cam. *Consegn.*, vol. 544, p. 75.

Les seconds en personne d'Antoine Cairaschi et de sa femme vendirent le 4 février 1461, à Raphaël Martini un neuvain de Châteauneuf [1].

Les Berre, anciens coseigneurs de Châteauneuf, que nous avons trouvé en 1271, 1331, 1343, augmentèrent en 1470 leur juridiction, car nous trouvons que François et Foulque de Berre achetèrent à cette époque aux Grimaldi le tiers d'un neuvain avec le mère et mixte empire qu'ils revendirent aussitôt pour le prix de 20 florins à Antoine Roquemaure fils de Jacques [2]. Dans le siècle suivant ils abandonnèrent complètement leur coseigneurie; en 1502 Marguerite, veuve de Ludovic de Berre et tutrice de Ludovic son fils encore mineur, ainsi que Gaspard, Berton et Melchior, cohéritiers de leur père, vendirent à Pierre Buschetti ce qui leur restait de la juridiction soit $^1/_{48}$, pour le prix de 400 florins [3].

Pierre Buschetti, fils de Ludovic, en 1482, avait épousé noble Catherine fille de feu Pierre del Pozzo [4]; c'est ce qui fait que nous trouvons ses descendants portant le nom de *Buschetti - Del Pozzo* [5].

Raphaël Martini qu'on a vu acquérant une grande partie du fief des Bermondi, des Cairaschi, des Grimaldi, des Baralis, était d'une famille différente des Martini d'Utelle. En effet, nous retrouvons les

----

(1) Arch. Cam., *Atti per feudi*, p. 112. Ailleurs on dit qu'il vendit $^1/_3$ de neuvain, le 21 août 1461, mais il s'agissait réellement de tout un neuvain d'après la quittance du trézain de 10 florins le 1er septembre 1461 par acte du notaire Vincent Pellegrini: *Recepit a nobili Raphaele Martini de Nicia pro quodam trezeno eidem facto pro uno noveno iurisdictionis eidem vendite per nobilem Antonium de Querazes* (Arch. Cam., *C^ti Ricevitori*, vol. 32).

(2) Arch. Cam. *Atti per feudi*, vol. 14, p. 34. Dans l'investiture à Pierre Paul Capello et à Lucrèce Marquésan, le 15 nov. 1718, il est dit: *eccettuate le porzioni che avevano in detto feudo Raffaele Martini e Francesco e Folco di Berra state loro rimesse da Antonio Grimaldi per istrumento 25 giugno 1470.*

(3) Arch. Cam., *Consegn. de Porta*, vol. 553, f. 88.

(4) Arch. di Stato, *Prot. Segr. ducali*, 125, f. 250.

(5) En 1626 nous avons trouvé Paul del Pozzo faisant à Nice l'usure et exigeant le 10 pour cent et l'intérêt des intérêts, comme d'après une enquête judiciaire (*Relation de l'avocat fiscal de Nice*).

lettres de noblesse que lui accorde, le 14 juin 1447, le duc de Savoie, *ac si ex utroque parentum latere ipsos nobilium ortus protulisset; que sic agimus, tam liberaliter et de gratia speciali, quam pro et mediantium quinquayinta ducatus auri per nos propterea ab eodem Raphaele Martini habitis* [1].

Il institua son héritier Ludovic, fils de François son frère, qu'on trouve sous le nom de *Ludovicus de Pugeto* ou de *Ludovicus de Pugeto alias Martini*, parce qu'il avait pris ce nom à cause de sa mère Yolande du Puget. Ludovic en 1461 devint héritier de Guillaume du Puget son oncle et prit le nom et les armes de cette famille: nous le voyons qualifié de seigneur de Figanière en 1533 [2].

Il épousa Marguerite de Villeneuve-Trans [3] et s'établit en Provence: il vendit successivement toutes les parts de juridiction, que son oncle avait achetées, à Jean Roquemaure le 4 avril 1465 et le 6 février 1495. Cette dernière vente se composait de deux neuvains [4].

Les Roquemaure, qui d'après les différents actes cités, devinrent avec les Constantin les principaux seigneurs de Châteauneuf, déjà plus anciennement avaient eu part à cette juridiction.

L'origine de la famille Roquemaure n'est pas connue.

Gioffredo cite bien en 1305 un *Philippus de Rochamaura* qui est témoin dans l'acte de soumission de Demonte au sénéchal Richard de Gambatesa [5]; il n'était pas Niçois, mais trésorier de Provence [6]; tandis que nous avons trouvé dans les comptes du clavaire de Nice de 1390 la trace d'une famille de ce nom-là qui était du village de Callian en Provence et avait des relations avec celle de Nice. L'acte de paiement

---

(1) Arch. di Stato, *Prot. Laborier*, vol. 109, f. 19. En 1438 Raphaël Martini tenait auberge à Nice, d'après l'indication d'une maison appartenant à Antoine Fighiera de Nice, *extra muros civitatis, loco dicto S. Augustino vetere, iuxta albergariam Raphaelis Martini*. (Arch. Cam., *C^{ti} di Francesco Cerrati di Boves ricev. generale*, maz. 4°, fasc. 12).

(2) Arch. Cam., *Consegn. De Porta*, vol. 553.

(3) ROBERT DE BRIANÇON, *Nobiliaire de Provence*.

(4) Arch. Cam., *Atti per feudi*, p. 87 nota e p. 123.

(5) GIOFFREDO, *Storia A. M.*, 3, 19.

(6) Arch. de Marseille, B. 1093.

qui est fait le 31 juin 1390 à *Giraudo Rocamaure* de la somme de 12 livres et 5 sous, qui lui sont dus par le clavaire Lazare Sigaudi, est passé à la présence des témoins, *magistrorum Hugonis Rocamaure de Caliano, Gaspardi eius filis et Johanni Canestrerii de Nicia notariorum* : signé par *Johannes Rocamaure notarius civis Nicie* [1]. Ce rapprochement nous ferait croire les deux familles d'une commune origine.

Le notaire Gaspard Roquemaure, dont il est ici question, se retrouve qualifié de *civis Nicie* et marié avec la fille de noble Guillaume Blanqui, châtelain de la *turris Ysolete situate in mollo portus Olivi de Villafranca* [2].

En 1383 on trouve un Antoine *Rochamaure filius magistri Johannis de Nicia notarius publicus* [3], en 1391 *Johannis Rochamaura notarius publicus* [4]. En 1435 et en 1444 le notaire Antoine Roquemaure avait la charge de bailli de Pigna.

Jean, indiqué comme père d'Antoine, est celui qui rédigea la procuration de Jean Grimaldi à son frère Ludovic pour traiter la cession de Nice avec le duc de Savoie [5]. Giraud jurisconsulte est un des délégués des Niçois pour signer l'acte de cession [6].

Il se forma deux branches; la première, celle d'Antoine fils de Jacques, qui s'éteignit avec Honorée fille unique de ce dernier, laquelle apporta sa part de Châteauneuf à Jacques Galleani fils de Ludovic [7],

---

(1) Arch. Cam., *C*ti *dei Clavari*, maz. 1, fasc. 1.

(2) Ibid., Maz. 1. fasc. 2. *C*ti *del clav. Lud. Alaysii.*

(3) Arch. Cam., *Gabella del sale*, vol. I, maz. 1.

(4) Bibl. du Roi à Turin, *Ms*. vol. 108.

(5) Gioffredo, *Storia A. M.*, vol. 3, p. 450.

(6) Ibid, p. 477.

(7) La famille Galleani qui, après avoir été agrégée à la noblesse féodale du pays. eut des pages fort-glorieuses dans notre histoire, était d'abord une famille distinguée de la bourgeosie de Nice, où elle paraît être venue de Gênes ou de Vintimille exilée peut-être par le parti des Gibelins. En effet elle ne se voit pas nommée dans les réunions plénières des habitants en 1302 et 1305, tandis qu'en 1307 Raymond G. possède une maison *in podio S. Martini (Recueil Ms. Niçois* 2, 321). En 1310 *P. Galeana* est témoin à Nice (Arch. Capit. de Nice, n. 147); puis en 1333 Boniface *Galiana* est possesseur de biens dans la ville (*Cod. Leopardus*). En 1365 Jacques Galeani est consul des marchands (*Arch. Municip. de Nice*, B. 10). En 1398 et 1408 Jean G. est notaire à Nice (Arch. Cam. *Conti Clav.* 1, 2; *Redditi gabelle*, maz. 2, 2) c'est le père de Ludovic, qualifié d'apothicaire en 1421 (*Conti Clav.* vol. 5). Celui-ci eut deux fils, Humbert (*Conti ricev.* vol. 7) portant la même qualification (*Conti Clav.* vol. 20) et Jacques qualifié de *mercator* (*Conti ricev.* 31), qui épousa Honorée Roquemaure et devint un des coseigneurs de Châteauneuf.

et qu'on voit investie le 22 septembre 1480, aussi en qualité de tutrice de ses enfants Raphaël, Claude, Obert et Jean Galleani [1].

La seconde branche est celle de Guigues, dont Jean père de Barthélemy. Elle finit avec Honoré père de trois filles, qui apportèrent leur juridiction dans les familles d'Escragnolle, Lucinges et Marquésan.

Nous ne suivrons pas plus loin les descendances de ces diverses familles des seigneurs de Châteauneuf. Les subdivisions du fief s'accrurent d'une manière inimaginable par les alliances, les ventes, les cessions de toute espèce; les droits des différentes familles se mêlant et s'entrecroisant tellement que, malgré les études des intendants du comté de Nice, les actes de reconnaissance et d'investiture sont loin d'avoir la précision désirée. Nous nous contenterons de donner, à titre de curiosité et parmi les documents [2], la répartition du fief dans les premières années du xviiie siècle, ainsi qu'elle résulte par le rapport d'un intendant général du comté de Nice, qui paraît être le comte de Montalenghe, qui l'aurait rédigé vers 1717.

Nous ajouterons ici à cette pièce un autre état de répartition des droits de juridiction envoyé à la cour des comptes par l'intendant général Pavia au mois de janvier de l'année 1719, car on y trouve l'indication formelle de la façon dont les seigneurs de Châteauneuf se partageaient ces mêmes droits et qui était la suivante [3].

Le juge de Châteauneuf était élu par les seigneurs tous les deux

---

(1) Une part du fief passa dans la suite des Galleani aux Tonduti, dont nous trouvons en 1482 *Lazarus* condamné à une multe, *quia recepit quandam capsiam que furata fuerat dominis militibus sancti Johannis tunc Nicie existentibus* (Arch. Cam., *Cti Clavarii*, vol. 28); il était natif de la Turbie. Son fils *Iohannes Tonduti alias Laze* épousa Antorone, qui étant veuve se remaria, par contrat dotal du 8 déc. 1528, avec Jacques Roux de la Turbie et lui apporta en dot deux maisons sises à Nice *in burgo Sancti Pontii*, qui dépendaient des domaines de l'Abbaye (*Recueil ms. Niçois* 2, 273). Noble Barthélemy fils de noble Jean Tonduti, citoyen et marchand de Nice, épousa le 9 nov. 1541 Andréine Capello (*Recueil Niçois* 2, 293). C'est celui qui le 23 mars 1551 reçut des lettres de noblesse par le duc Charles de Savoie (Arch. Cam., *Vol. patenti*, an. 1551) et devint coseigneur de Falicon.

(2) V. Doc. n. VIII.

(3) *Atti per feudi*, Mazzo 14 C., vol. 1187, fo 193.

ans; messieurs Marc Antoine Capello, Jérôme Peyre et César Constantin, qui avaient acquis une partie des droits qui appartenaient à la commune, le députaient pendant les huit premiers mois, tous les autres coseigneurs en faisaient autant solidairement et pour les autres seize mois.

Les rentes féodales consistaient dans la location des six bandites, desquelles on retirait généralement 600 livres et en celle des terres-gastes qui s'évaluait à 100 livres.

Ces rentes se divisaient en neuf parties, dont quatre au profit des individus ci-dessus, Capello, Peyre et Constantin; les autres cinq parties se partageaient entre tous les autres coseigneurs, y compris pourtant les trois acquéreurs déjà nommés. La base de répartition pour cette seconde partie était de deux tiers par quote de juridiction et d'un tiers par groupes de famille (*due terzi a rata di giurisdizione ed un terzo a rata di capi stabiliti a nove*); ceux-ci étaient fixés à neuf, de la manière suivante: 1° Les héritiers de Jacques Galleani. 2° Dominique Constantin. 3° Les héritiers de Jean André Bermondi. 4° Les héritiers de Jean André Galleani, soit François Galleani. 5° Les héritiers de Jean André Capello, soit Pierre et Marc Antoine. 6° Les héritiers de Claude Roquemaure, soit les trois sœurs Roquemaure. 7° Les héritiers Trucchi, soit Jérôme Peyre. 8° Les héritiers d'André Martini, soit Camille, Réné et François Martini. 9° Les héritiers de Louis Galleani.

Un autre revenu était celui de la bandite de Rével, qui se louait 400 livres et se partageait en deux portions égales, moitié aux acquéreurs des droits de la commune et moitié selon la quote-part de juridiction et par familles, comme les autres rentes.

On voit par ceci que la répartition de ces droits féodaux était à cette époque assez compliquée et ne présente plus que très peu d'intérêt sous l'aspect féodal et historique.

DOCUMENTS INÉDITS

I.

*Division entre les seigneurs de Châteauneuf
des droits de four et des moulins.*

1249, 14 juin. — In nomine Domini, amen. Notum sit omnibus, tam presentibus quam futuris, quod domini de Castronovo scilicet Millo Chabaudus, Petrus Richardus, Fulco Caracius pater et Fulco Characius filius, et Petrus de Castronovo et Isnardus de Castronovo fratres, et Bertrandus de Castronovo, Bonifacius de Castronovo et Bertrandetus et Raimondetus et Guilletus de Castronovo fratres, auctoritate Raibaudi de Berra curatoris ipsorum, talem inter se fecerunt, de rebus infrascriptis sibi communibus divisionem, videlicet de furno veteri de Castronovo cum suis iuribus et pertinenciis et de molendinis de campo Carrono cum omnibus suis iuribus et rationibus et pertinentiis suis; que divisio talis fuit.

In primis evenit in partem Bertrando de Castronovo et Bonifacio de Castronovo, et fratribus suis scilicet Bertrandeto, Raimondeto et Guilheto de Castronovo, auctoritate et in presentia Raybaudi de Berra curatoris ipsorum minorum, pro tertia parte dominii et segnorie quod habent in Castronovo et in eius territorio, furnum predictum veterem cum omnibus iuribus et pertinentiis suis, et quod furnum debet habere viam liberam iuxta domum Raymundi Ayraudi de Castronovo; et casalia ibi communia, sita iuxta dictam viam, debent deliberari et servire communiter predictis dominis de Castronovo, secundum ius ipsorom dominorum; et est actum etiam de voluntate omnium dominorum de Castronovo, et per certum pactum, quod omnes homines de Castronovo de quocumque dominio sint, teneantur quoquere panem suum ad dictum furnum et non alibi et dare pro fornagia vicesimoquenum. Et si aliquis homo dicti castri nolet quoquere ibidem panem suum, quod debeat duplicare dominis ti furni fornagium predictum et etiam puniri a domino suo in quinque solidis januinorum; verum domini dicti castri non teneantur quoquere in dicto furno panem suum, nisi tantum esset de voluntate sua propria. Item evenit in partem Milloni Chabaudo, pro tercia parte dominii et segnorie quod et quam habet in Castronovo et in eius territorio, medietatem pro indiviso molendini seu molendinorum scitorum ad campum Carronum, cum omnibus suis iuribus et pertinentiis et cum medietate terre quam predicti domini emerunt a Raimundo Bertrando: ducendo aquam ad dictum molendinum seu molendina, dictus Millo Chabaudus, per illum locum vel per loca per que vel per qua melius ei videbitur ducere. Item alia medietas dicti molendini seu molendinorum cum omnibus suis iuribus et pertinentiis et cum medietate dicte terre que fuit dicti Raymundi Bertrandi et cum presa aque et fundo et sicut dictum est de parte dicti Millonis Chabaudi, evenit in parte Petro Richardo et Petro de Castronovo et Isnardo de Castronovo et Fulconi Caratio et filio suo, pro alia tertia parte quam habent dominii et segnorie in Castronovo et eius territorio. Ita tamen quod in dictis molendinis de expresso consensu et voluntate dictorum dominorum de Castronovo et per pactum sollemniter actum inter ipsos dominos, quod omnes homines et habitatores dicti castri de Castronovo, de quocumque dominio vel segnoria sint, teneantur molere bladum suum dictis molendinis, et non alibi et dare pro motura viutenum de omni genere bladi quod ibi molebunt; et si aliquis homo nolet ibi molere, quod det duplum pro moltura quotiescumque alibi moleret et etiam puniatur a domino suo in quinque solidis januinorum. Et etiam fuit actum quod predicti domini, ad quos dicti molendini pervenerunt in partem, possint facere paratorem et etiam plura molendina in dicto loco, si eis placuerit; et quod etiam debeant habere et recipere in partem totum pascherium istius anni usque ad medium mensis madii proxime venturi, ita quod ab illa die in antea dictum pascherium in comuni revertatur sicut ante erat et nunc est. Item fuit actum inter predictos dominos quod si per guerram vel guerras aliquas dictum molendinum seu molendina destruerentur vel dirruerentur, ita quod comode molere non posset, quod durante guerra fornagia dicti furni essent communes et communiter reciperentur ab omnibus dominis supradictis, secundum portionem et partem predictis partibus habentibus; et postquam guerra illa cederetur, dicti et domini dicti molendini seu molendinorum possint comode reheddificare et aptare dictos molendinos ad molendum, quod ex tunc usque ad tres menses sint dicta fornagia communes inter ipsos dominos sicut superius dictum est, et elapsis tribus mensibus dicta fornagia revertantur ad dictos dominos dicti furni. Predictas autem partes aprobaverunt et se pro pagatis tenuerunt omnes predicti domini, promittentes unus alteri per solemnem stipulacionem predictas partes nunc et imperpetuum rattas et firmas tenere et nullo tempore contravenire, sub obligatione omnium bonorum suorum habitorum et habendorum. Et hec omnia predicta iuraverunt attendere et observare et

nullo tempore contravenire, super sancta Dei evangelia ab eis corpora-
liter tacta. Actum Nicie ad tabulam operatorii Guillelmi Baconis. Anno
a nativitate Domini millesimo cc° xlviiii, junii die xiiii; et fuerunt
testes vocati Guillelmus Riquerius, Guillelmus de Pilia, Durandus Vin-
centius, Paulus de Gallus et Guillelmus Sardini (1).

Ego R. Jordanus publicus notarius domini Raimundi Berengarii
quondam comitis et marchionis Provincie hanc cartam, de cartulariis
magistri Jacobi quondam notarii michi per curiam commissis, nichil
addito vel diminuto, nisi forte punctum vel sillabam, in nomine Domini amen, annum et diem et locum, extraxi: dictus dominus judex
annuens requisitioni facte sibi per dictum dominum Andream Garnerii.

II.

Vente de la bandite de Rével à la commune de Châteauneuf.

1311, 4 novembre. — Anno a nativitate Domini millesimo ccc° undecimo, die iiii^a novembris. Notum sit cunctis presentibus et futuris
quod nobilis domicellus Franciscus Badatus, dominus pro duodecima
parte castri et territorii Castrinovi, nomine suo et procuratorio nomine,
ut dixit, domine Beatricis uxoris sue ; et domina Dalphina uxor Bonifacii Chabaudi quondam, nomine suo proprio et tutorio nomine Berengarie et filie sue, domina pro alia parte; et Isnardus de Castronovo
domicellus, nomine suo proprio et nomine domini Petri Boveti militis
et pro ipso tanquam coniuncta persona domini, pro alia parte; et
Johannes Bermondi, qui alias dicitur Caroni, procurator et procuratorio
nomine Johannis de Revesto et domine Sibilie eius uxoris, ut de pro-
curatione constat publico instrumento sumpto manu Ugonis Silvestri
notarii, sub anno Domini millesimo ccc° xi°, mensis septembris die vii
et Guillelmus Bregne baiulus, ut dicitur, Isnardi de Castronovo domicelli, filii quondam domini Isnardi de Castronovo militis, pro alia parte,
vendiderunt et titulo perfecte venditionis tradiderunt, seu quasi, imperpetuum, nominibus supra, per se et eorum heredes et successores Raimundo Grinde, Olivario Lombardi, Petro Blanqui et Guillelmo Raimondo
habitatoribus dicti Castrinovi, presentibus et recipientibus et ementibus
nomine eorum proprio et sindicario nomine universitatis hominum
dicti Castrinovi, scilicet de consilio et assensu Raimondi de Olaneio,
Petri Imberti, Johannis Bermundi et Guillelmi Bermondi consiliariorum
ipsorum sindicorum, ut de sindicatu ipsorum emptorum et posse consiliariorum ipsorum constat, quodam publico instrumento sumpto manu

---

(1) Peut-être *P. de Galleanis et G. Sardinie,* réfugiés de Vintimille.

mei notarii subscripti, bandictam de Revello sitam infra territorium
dicti castri, que bandita confrontatur cum valono de territorio et terra
castri de Oontes et cum terra territorii castri de Turretis et iuxta
fontem de Imberto, pretio duodecim librarum parvorum refforciatorum
solvendarum anno quolibet imperpetuum in festo Omnium Sanctorum.
Hoc acto inter dictas partes, per pactum expressum, quod dicta bandita non possit vendi per dictos sindicos nec per dictam universitatem
alicui persone extrauee, dum tamen nurigueri [1] dicti Oastrinovi
velint eam emere pretio suprascripto duodecim librarum reforciatorum,
quod pretium non possit augeri eisdem nurigueriis et si ipsi eam emere
nolent pretio subscripto, quod dicta universitas vendere eam possit
personis extraneis. Item fuit actum per pactum inter dictas partes, quod
predicti domini possint ponere et poni facere avere eorum et suorum
pastorum in predicta bandita, et quod ipsi domini et eorum pastores
solvant de pretio dicte bandite scilicet duodecim libras, pro rata, secundum quod ibi ponent et poni facient de avere eorum proprio, quando
ipsum avere ponent in ipsa bandita. Et etiam fuit pactum inter ipsos
venditores et emptores, quod boves arantes non solvant pasquerium,
nec in erbagio, nec etiam animal de basto, infra dictam banditam et
quod omne avere bravum [2] dicti castri teneantur solvere in erbagio
dicte bandite. Quam quidem banditam supra venditam predicti venditores
et quilibet ipsorum in solidum, nominibus quibus supra, promiserunt
eisdem emptoribus, stipulantibus et recipientibus ut supra, salvare, deffendere et observare perpetuo, per se et heredes et successores suos et
non contrafacere vel venire, de iure vel de facto ... nominibus quibus supra, per se vel interpositam personam, promittens etiam ipsi venditores,
nominibus predictis, omnia predicta facere rattificare, laudari et ap-
probari : videlicet dictus Franciscus Badati domine Beatrici uxori sue
et dictus Isnardus de Castronovo dicto domino Petro Boveto et dictus
Johannes Bermondi predictus domino Johanni de Revesto et Sibilie
iugalibus et dictus Guillelmus Bregueti dicto Isnardo de Castronovo,
filio quondam domini Isnardi de Castronovo militis, domino suo, sub
ippoteca et obligatione omnium bonorum suorum presentium et futurorum, renunciationi nove constitutionis de pluribus reis debitis et in divi
Adriani et omni alio juri et legi, quibus contra predicta venire posset vel
aliquid de predictis astringere vel revocare. Et versa vice dicti emptores, nominibus quibus supra et de consilio predictorum, per se et
heredes suos et successores promiserunt predictis venditoribus et cuilibet
ipsorum in solidum et michi notario infrascripto, stipulantibus et recipientibus nominibus predictis, predictas duodecim libras imperpetuum
anno quolibet vendere prout superius continetur, sub obligatione omnium
bonorum suorum et dicte universitatis presentium et futurorum.

---

(1) *Norriguerius,* qui nutrit oves. DUOANGE, *Gloss.*
(2) *Brava* ou *brana,* sterilis equa, sterile iumentum, Ibid.

Actum Nicie in domo dicte domine Delphine. Testes, Fulchetus Co·
lumbi, Raimundus Canellini de Nicia et Vesianus Borrelli de Monte
Albo, testes vocati. Et ego Raimundus Ambrosius notarius publicus a
domino Carolo secundo quondam, Dei gratia, rege Jherusalem et Sicilie, Provincie, Forcalcherii et Pedemontis comiti constitutus, hanc
cartam rogatus scripsi et in eadem signum meum apposui.

III.

Testament de Raymond Chabaud, seigneur de Châteauneuf.

1223, 1er juillet. — In nomine Domini, amen. Ego Raymundus Chabaudi, sanus mente, eger corpore, ultimam voluntatem meam per nuncupativum testamentum ita dispono. In primo Petrum Chabaudum,
Milonem et Gaufridum filios meos heredes mihi constituo. Item Willelmam
et Tiburgiam filias meas heredes mihi constituo pro libris millibus tercentum Janue; et dictos filios atque filias meas dimitto in custodia et
tutela domine Astruge sororis mee et Augerii Badati cognati mei et
dicte sorori mee do plenam potestatem augendi et minuendi dotem
dictarum filiarum mearum et maritandi filias meas et uxorandi filios
meos ad suam voluntatem. Si vero unus filiorum meorum migraverit
infra viginti quinque annos sine legittimo herede vel heredibus a lumbis
suis procreatis, duo succedant; et si duo migraverint tertius succedat;
et si omnes filii mei migraverint tunc succedant dicte filie mee. Si vero
omnes filii et filie mee migraverint, tunc succedat predicta soror mea
et post obitum sororis mee succedat Dulcia neptis mea. Item volo, jubeo
et precipio, ut dicti tutores post meum obitum teneant archam unam
in domo mea, in qua sint due sere et due claves, quarum unam teneat
soror mea et aliam teneat Augerius Badati; et in archa illa reponantur
omnes redditus mei et Augerius Badati, semel in die et pluries si necesse fuerit, teneatur venire ad domum meam et una cum sorore mea
aperire dictam archam ad reponendum ibi redditus meos vel ad extra-
hendum pro expensis necessariis faciendis et postea claudant dictam
archam et quilibet clavem suam secum teneat. Item volo et jubeo, ut
quilibet tutor habeat duo cartularia, unum pro intrada et alium pro
expensa, et singulis diebus, sicut recipient intrada, faciant eas scribere
et expensas similiter, uni scribano. Item volo Fulconem Badatum, Rostagnum Guigonem, Guigum Ricardum, Willelmum Riquerium et Ber-
trandum Raibaudum, ut sint boni consiliatores et boni valitores dictis
tutoribus et dictis liberis meis ad peragendum officium dicte tutele.
    Item Willelmum Riquerium et fratres eius clamo quitos et esse

solutam de omni debito quod mihi debent, excepto de debito quod mihi debent pro cabella. Item de debito quod commune Grasse mihi debet, ita dico, quod commune Grasse solvat predictis tutoribus, nomine liberorum meorum, libras tercentum Janue et a superfluo ipsum commune Grasse absolvo, ita tamen et tali pacto, quod dictas libras tercentum solvant liberis meis in pace, et ex his dimitto communi Nicie, pro portu faciendo, libras centum Janue et dicta soror mea accipiat tantum libras centum quinquaginta Janue, de quibus det domino Niciensi episcopo et canonicis libras decem Janue pro anima mea et ecclesie Sancte Marie solidos quinquaginta et Willelmo capellano solidos decem et Raimundo Duscenas (1) solidos decem pro missis celebrandis; residuum vero dividat dicta soror mea pro anima mea, sicut melius et certius sibi videbitur. Item Raimundo Alpinello dimitto libras viginti quinque Janue, ita tamen et tali pacto quod residuum debiti solvat liberis meis in pace. Item Petro Lombardo macellario dimitto solidos centum Janue. Item liberos Willelmi Reibes (2) clamo quitos et me solutum de omni debito quod mihi debent, excepto quod volo ut solvant liberis meis libras undecim et solidos decem Janue, vel tantum quantum in carta continetur. Item Willelmum Badatum patrem Pauli Badati clamo quitum et me solutum de omni debito quod mihi debet, tamen volo ut solvat liberis meis libras quindecim Janue. Item hospitali sancti Johannis dimitto libras viginti Janue, ita tamen et tali pacto quod residuum debiti solvant liberis meis in pace. Item Jacobo Riquerio et suis consanguineis dimitto libras viginti Janue, ita tamen et tali pacto quod residuum debiti solvant liberis meis usque ad festum Sancti Michaelis. Item Bertrando Riquerio dimitto libras viginti Janue, ita tamen et tali pacto quod residuum debiti solvat liberis meis usque ad festum omnium Sanctorum vel ad terminum qui in carta continetur. Item cuilibet de debitoribus meis de cabella dimitto in hoc anno denarios duodecim per totum. Item crucem levo per manum domini Niciensis episcopi in remissionem peccatorum meorum et si Deus vitam mihi ministraverit promitto me iturum ultra mare in servicium Dei; si vero de hac infirmitate migravero, tunc jubeo et precipio dicte sorori mee et Augerio Badato ut mittant loco mei unum militem, cui dent libras centum Janue et omnia arma corporis mei et loricam unam equi et annone sextarios centum et civade sextarios centum. Item confiteor me debere domine Astruge sorori mee libras viginti Janue. Item domino Raimundo de Antipolis dimitto libras viginti Janue, ita quidem et tali pacto quod faciat fidem et promissionem liberis meis de omnibus aliis rebus que mihi petere posset. Item Raimundo Terio dimitto solidos sexaginta Janue et similiter faciat finem et remissionem liberis meis.

---

(1) Probablement *R. de Scevas*, soit *de Seva* ou *de Ceva*, famille de Nice.
(2) Peut-être *Rubei*.

Item Astruge filie mee, quam habui a Bellinda, dimitto libras vigintiquinque Janue quum accipiet maritum. Item Petro Gaterio (1) nepoti meo
dimitto terram meam de fonte cauda, que est iuxta terram Willermi
Scuderii deversus viam et juxta magistri Johannis. Item confiteor me
fore solutum de omni debito quod Guigo Ricardus consanguineus meus
mihi debet, verumtamen ego debeo sibi libras sexdecim et solidos octo
Janue, ita tamen quod ipse mihi reddere debeat bovem unum vel libras
quatuor Janue. Item Petro Ceremiol debeo solidos viginti tres Janue.
Item abbati de Valle bona dimitto solidos quinquaginta Janue pro anima
mea. Item abbati sancti Pontii dimitto libras quinque Janue pro anima
mea. Item Matheude Ronchillose dimitto libras sex Janue solvendas
per annos sex, ita quod annuatim solvantur ei solidi viginti usque dum
integre sit soluta. Item Sirene uxori quondam Mali Bocherii et ejus
heredibus dimitto libras viginti Janue solvendas per annos quatuor,
videlicet annuatim solidos centum usque dum sit soluta de toto. Item
abbati sancti Honorati dimitto pro anima mea solidos centum decem
Janue. Item volo, jubeo et precipio, ut dicti tutores teneant unum ca-
pellanum per annos septem, qui cotidie cantet missam pro anima mea.
Item volo, jubeo atque precipio, quod si aliquis injuriose vellet offen-
dere Rostagnum Guigo, Guigonem Ricardum, Willelmum Riquerium
vel fratres ejus, Raymundum Chabaudum et Mischetum Chabaudum
consanguineos meos, quod ipsi possint venire ad domos meas et ad
turrim meam et invicem se adiuvare et defendere contra omnem personam, ita tamen quod domina Astruga soror mea mittat homines suos
vicissim in eam ad defensionem et adjuvationem predictorum consanguineorum meorum, et hoc dico et intelligatur usque ad quindecim
annos completos. Item volo, jubeo et precipio ut omnes homines mei et
omnes homines de castellis meis sint valitores et defensores predictorum
consanguineorum meorum, quotiescumque fuerit eis necesse. Item Beatrici uxori quondam Bertrandi de Adavo et ejus filiis dimitto libras
viginti Janue, ita quod annuatim solvantur eis solidi viginti Janue
donec integre sint soluti. Item Raimundo Andebrando dimitto libras
sex Janue et denarios duodecim de debito quod mihi debet, ita tamen
et tali pacto quod residuum debiti solvat liberis meis in pace. Item
Rostagno Badati dimitto usuras duorum annorum super debito quod
mihi debet, ita tamen et tali pacto quod residuum debiti solvat liberis
meis in pace. Item domine Pontie et eius filiis reddo ortum quem habeo
ab ipsis, ita quod solvant liberis meis libras vigintiquinque Janue. Item
Paulo Secundo dimitto libras novem. Item hospitali de Varo dimitto
libras sex Janue quas pro pascherio mihi debent. Item Bertrando de Castronovo dimitto equum meum et volo quod quilibet homo meus de Castronovo det sibi unum sextarium bladi annuatim usque ad sex annos, si

---

(1) Il s'agit de la famille *Gauterio,* peut-être qu'on trouve à Grasse un siècle plus tard.

tenuerit equum. Item confiteor me habuisse dependentibus Montispesulani libras centum Janue, quas ipsis dimitto, ita quod solvantur eis annuatim solidi sexaginta usque dum integre sint soluti. Insuper casso et infringo omnia testamenta quecumque feci usque nunc et hoc testamentum corroboro et confirmo in perpetuum valiturum. Hec est ultima voluntas mea, que si non valet jure testamenti saltem valeat iure codicillorum, seu cujuslibet alterius ultime voluntatis. Actum in turrim dicti Raimundi Chabaudi, millesimo ducentesimo vigesimo tertio, indictione decima, prima die julii; et fuerunt testes rogati dominus Pontius abbas Sancti Pontii, Bertrandus de Concha prepositus Niciensis, Rostagnus Guigo, Guigo Ricardi, Willelmus Riquerii, Jordanus Riquerii, Petrus Riquerii, Willelmus d'Esa, Willelmus Asterius, Petrus Badati, magister Willelmus, Gaufridus Fulco.

Et ego Raimundus Terii notarius interfui et rogatus scripsi.

IV.

Testament de François Badat, seigneur de Châteauneuf.

1318, 18 février. — In Christi nomine amen. Anno a nativitate Domini millesimo ccc° xviii°, indictione prima, die xviii mensis februarii. Cum nil sit sercius morte et nil insercius ora mortis, idcirco ego Franciscus Badati de Nicia, filius nobilis domicelli Jordani Badati condam, timens Dei iudicium, quod cuilibet est timendum, sanus mente, licet corpore languens, nuncupativum testamentum ore proprio facio in hunc modum. In primis animam meam commendo domino Jhesu Christo et corpori meo eligo sepulturam in ecclesiam fratrum minorum de Nicia cum dicto patre meo. Item lego, pro gaudio meo spirituali, decem solidos Janue. Item lego ecclesie beate Marie de platea de Nicia, pro missis celebrandis pro anima mea, sex libras Janue. Item lego domino Fulconi Revoherio canonico dicte ecclesie, pro missis celebrandis, xx solidos Janue. Item lego conventui fratrum minorum de Nicia, pro missis celebrandis pro anima mea, c solidos Janue. Item lego fratri Johanni Robaudo lectori dicti conventus, pro missis celebrandis, xl solidos Janue. Item lego fabrice dicte ecclesie xl solidos Janue. Item lego conventui fratrum predicatorum de Nicia, pro missis celebrandis pro anima mea, c solidos Janue. Item lego conventui beate Marie de Monte Carmelo de Nicia, pro missis celebrandis pro anima mea, lx solidos Janue. Item lego conventui fratrum sancti Augustini de Nicia, pro missis celebrandis pro anima mea, lx solidos Janue. Item lego mense monialium de Nicia xl solidos Janue. Item lego cuilibet ospitali pau-

perum de Nicia xx solidos Janue. Item lego navi hospitalis de **Varo**
x solidos Janue. Item lego x libras Janue pro pauperibus **mulieribus**
maritandis. Item lego Pauleto Ayceleno servienti meo omnes **vestes**
corporis mei lanias quas feci in presenti yeme. Item lego dicto Pauleto
de bonis meis lx solidos Janue, dandos et solvendos eidem quando du-
xerit uxorem. Item lego pro fore factis meis incertis x libras reforciatorum. Item confiteor et recognosco me debere dare ex testamento domine matris mee, pro medietate pro qua sum heres ipsius matris mee,
domine Gayole monache monasterii monialium de Nicia x solidos Janue
et tantundem debet eidem Anthonius frater meus. Item cuilibet hospitali
civitatis predicte, exceptis ospitali Sancti Spiritus et ospitali de portali
Sancti Martini x solidos Janue et tantundem debet dictus frater meus.
Item recognosco me debere dare ex testamento dicti patris mei, pro
medietate pro qua sum heres ipsius patris mei, ospitali de portali Rusticorum xii libras et x solidos reforciatorum et tantundem debet dictus
frater meus, de quibus debet emi quedam possessio dicto ospitali vel
debet poni in manibus mercatoris iuxta ordinationem dicti patris mei.
Item debeo, ex dicto testamento, ospitali Sancti Spiritus c solidos reforciatorum et tantundem debet dictus frater meus. Item debemus, ego et
dictus frater meus, dicto ospitali maius dominium et servicia domuum
dicto ospitali circumstantium, iuxta continenciam predicti testamenti.
Item debeo, ex dicto testamento, cuilibet alio ospitali de Nicia l solidos
reforciatorum et tantundem debet frater meus. Item debeo, ex eodem
testamento, domino episcopo Niciensi c solidos reforciatorum de quodam
legato xx librarum facto domino Raymundo condam episcopo Niciensi
per dictum patrem meum et tantundem debet dictus frater meus. Item
recognosco me debere ex testamento domine Tiburgie avie mee condam,
pro parte me contingente, omnia legata facta per ipsam, tam in testamento quam in codicillis, excepta medietate legati facti conventui fratrum minorum de Nicia quam eis exsolvi et exceptis duobus partibus
legati facti conventui fratrum Sancti Augustini de Grassa, quas eis
exsolvi pro me et domina de Cabriis, prout continetur in quodam instrumento scripto manu Raymundi Ambrosii notarii. Item debeo Hugoni
Pigrori de Nicia c solidos reforciatorum, de quibus habet instrumentum.
Item debeo Bertrande Santiberie xxxi libras reforciatorum quas debeo
tenere ad medium lucri hinc ad mensem Januarii proximum et habet
ipsa inde instrumentum. Item debeo magistro de Portu surgico xxx libras reforciatorum cum interesse xxvi mensium retroactorum, quod
interesse volo sibi exsolvi iuxta voluntatem et taxationem ipsius magistri Johannis. Item debeo Bartolomeo de Ecclesia, ex causa emptionis
pannorum, aliquam pecunie quantitatem, de qua non recolo, sed ipse
habet inde pignus, videlicet unum cifum argenti. Item debeo in operatorio domini Danihelis iiii libras vel circa. Item debeo uxori Raymundi
de Cabriis domicelli xx libras reforciatorum, pro parte precii domus vendite per me magistro Johanni de Portu predicto et partem eam contin-
507

gentem de reddibus bonorum dicte domine Tiburgie condam, pro anno preterito et ultra LX solidos reforciatorum. Item debeo Petro Garlampas xxx libras reforciatorum quas tenet a dicto Bartholomeo de Ecclesia ad medium lucri et ego ipsas habui. Item debeo domino Johanni Rufo capellano de Villafranca c gillatos argenti, pro quibus habet in pignore unum cifum argenti uxoris mee. Item debeo domino Gaufrido Torcati iurisperito c gillatos argenti et unum florenum auri, pro quibus habet in pignora duas tacias argenti dicte uxoris mee. Item debeo magistro Hugoni Gralherio xv solidos vel circa et si plus dicit sibi credatur ei. Item debeo Thomayno apoticario pro resta receptorum in suo operatorio pro infirmitate dicti patris mei condam, iuxta continenciam sui cartularii, ad taxationem cuiusdam medici, pro medietate pro qua sum heres dicti patris mei et tantundem debet dictus frater meus. Item debeo Raymundo Ambrosio notario pro labore suo et scripturis, iuxta taxationem domini Jordani Sardina iurisperiti. Item debeo Beatrisci uxori mee L libras Januensium, quas habui de bonis eventiciis eiusdem. Que omnia debita et singula volo exsolvi me vivente per executores meos infrascriptos, videlicet dominum Raybaudum Latilem canonicum et officialem Niciensem, dictum fratrem Johannem Robaudi lectorem fratrum minorum et dictum dominum Jordanum Sardina, quos executores meos ordino et constituo. Quibus domino Jordano et lectori, presentibus et recipientibus, dono donacione inter vivos bona infrascripta pro emendandis forefactis meis certis et incertis et ipsa bona vendantur incontinenti pro exsolvendis dictis forefactis meis. Primo terciam partem quam habeo in quadam domo sita Nicie apud Colletum iuxta viam publicam circumquaque et etiam terciam partem maioris dominii et serviciorum omnium domorum sitarum in dicta civitate in podio Cortine, que tenebantur per dictam dominam Tiburgiam condam. Item terciam partem cuiusdam domus site Nicie in carreria Marserie in qua morabatur magister Rufinus aurifaber condam. Item terciam partem cuiusdam alie domus site in dicta civitate apud pontem Palionis iuxta bedale molendini de mari. Item omnia et singula servicia que habeo in territorio Nicie, excepto territorio de bosco et maius dominium quod mihi competit dictorum serviciorum; et si predicta bona non sufficerent ad solvendum dicta forefacta mea, volo quod de aliis bonis meis vendant dicti executores mei usque ad plenam satisfactionem; et etiam pro executione legatorum per me factorum in presenti testamento do dictis executoribus meis potestatem vendendi de aliis bonis meis et iuro ad sancta Dei evangelia non venire contra aliqua que per ipsos venderentur seu ordinarentur per ipsos pro dicta executione facienda. Item volo et ordino quod dicta Biatrix uxor mea sit domina et ususfructuaria bonorum meorum quamdiu oneste vixerit sine marito. Item lego eidem uxori mee centum quinquaginta libras Januensium ultra dotem suam, si secundo non nubserit: si secundo autem nuberet, subtraho sibi legata omnia sibi per me facta, ita quod ipsa teneatur restituere dicta legata, cum omnibus fructibus inde perceptis, heredi meo infrascripto, sine aliqua diminutione. Item constituo et ordino dictam uxorem meam tutricem liberis meis et nolo quod teneatur facere inventarium, nec rationem seu computum facere sive reddere alicui de administratione dicte tutele, ymo veto et proybeo heredem meum infrascriptum ne dictas rationes seu computum exigat a predicta tutrice, nec contra ipsam agat ratione aliquorum reliquorum, seu alia quacumque ratione vel causa, occasione dicte tutele et si quod exigeret ab ipsa ratione reliquorum sive ratione dolose administrationis, illud eidem uxori mee lego ; et predicta intelligo si predicta uxor mea secundo non nubserit; alias si secundo nuberet, volo quod teneatur facere omnia que tutrix sive tutor tenetur et a nullo sit pro predicta liberata. Item instituo mihi heredem Francisquetum filium meum in c libris reforciatorum et ultra non possit petere in bonis meis et si decederet quandocumque in pupillarem, vel post, ante quam ingressus fuisset religionem, substituo sibi heredem meum infrascriptum. Item instituo mihi heredem ventrem uxoris predicte , si masculus pareret, in aliis c libris reforciatorum et ultra non possit petere in bonis meis; si autem feminam pareret, instituo ipsam heredem in sexcentum libris reforciatorum, quas volo sibi exsolvi quando maritabitur, per moderatas solutiones ; et si predictos, postumum vel postumam, decederet in pupillarem etatem vel quandocumque postea sine liberis legitime ex suo corpore procreatis, substituo sibi meum heredem infrascriptum. In omnibus vero aliis bonis meis, instituo mihi heredem universalem Jordanetum filium meum, et si decederet dictus Jordanetus in pupillarem etatem, vel quandocumque, sine liberis ex suo corpore legitime procreatis, substituo sibi dictum Francisquetum, si non esset religione professus ; sin autem non superesset, vel esset religione professus, substituo sibi dictum postumum, vel postumam, si non esset religione professus ; si vero aliquis predictorum non superesset vel esset religione professus, substituo tunc dicto Jordaneto, in casu predicto, Astrugam uxorem Raymundi de Cabriis domicelli predicti, pro medietate dictorum bonorum meorum sive hereditatis predicte, pro medietate tantum et dictam Biatricem uxorem meam pro alia medietate, si secundo non nubserit ; si autem secundo nubsisset vel postea nuberet, volo et ordino quod dicta medietas dictorum bonorum meorum, in qua dictam uxorem meam substitui, detur amore Dei per dictos meos executores. Et hec est ultima mea voluntas quam volo valere iure testamenti et si non valet iure testamenti vel non valebit ratione partitionis, vel alia quacumque de causa, volo quod valeat iure codicillorum seu alterius ultime voluntatis. Et fuit actum expresse de voluntate dicti testatoris, quod presens instrumentum, extractum vel non extractum, productum vel non productum, semel et pluries possit dictari et reformari consilio cuiuscumque magistratus et sapientis, non mutata substancia supradicta. Actum in domo seu camera dicti testatoris, presentibus R. Ambrosii notario, Bermondo de Bermondi, Francisco Badato, Bertrando de Berra,

Isnardo de Castronovo, P. de Pavia, Hugone Sardina et Johanne Badato
de Nicia, testibus ad hec specialiter vocatis et per dictum testatorem
rogatis. Et ego Anthonius Richardi notarius publicus a serenissimo
domino Roberto rege Jherusalem et Sicilie constitutus hunc publicum
testamentum rogatus scripsi et meo signo signavi.

V.

Sentence de la Cour épiscopale de Nice.

1329, 27 février. — Anno a nativitate Domini millesimo ccc° xx° ix°,
die penultima mensis februarii. Venerabilis et religiosus vir dominus
Logerius Armandi officialis Niciensis, pro tribunali sedendo, precepit et
in iudicio iniunxit, ad requisitionis instanciam venerabilis et religiosi
viri domini Raybaudi Latili prepositi Niciensis, Jacobo Badati heredi
universali nobilis domine domine Beatricis Berengarie quondam de Nicia,
presenti et audienti ac in iudicio constituto, quatenus de legatis universis et singulis factis qualitercumque per dictam dominam quondam,
in eius testamento seu ultima voluntate, fratribus minoribus de Nicia,
seu eorum conventui aut ecclesie eorundem, universaliter seu particulariter et in quibuscumque causis seu usibus, det et solvet domino pre-
posito antedicto quartam partem integraliter et perfecte infra proximos
x dies; quod quidem preceptum ideo fecit dictus dominus officialis Jacobo antedicto quod (1) dicta domina assumpta fuit de parocchia maiori
ecclesie beate Marie de Platea et sepulta in cimiterio predictorum
fratrum minorum. De quo quidem precepto dictus dominus prepositus
peciit sibi fieri publicum instrumentum.

Actum Nicie in curia episcopali Niciensi; presentibus testibus dominis Petro de Sancto Juliano, Petro Auderri et Johanne Duranti
presbitero.

Et me Petro Bermundi clerico, apostolica et imperiali auctoritate,
notario publico, qui predictis omnibus presens fui et requisitus in hanc
formam publicam redegi et meo signo signavi.

––––––––

(1) L'original devait avoir *quia* ou *quare*.

VI.

Sentence arbitrale entre les seigneurs et la commune de Châteauneuf.

1443, 10 décembre. — Sententia arbitramentalis loci Castrinovi (1). —
ln nomine sancte et individue trinitatis, patris et filii et spiritus sancti,
ac totius celestis curie triumphantis, amen. Nos Mercurinus de Ranzo
de Vercellis, legum doctor, illustrissimi et invictissimi domini domini
nostri Sabaudie Ducis consiliarius et pro eodem Nicie et patrie ducalis
Provincie eidem adiacentis primarum et secundarum appellationum iudex
maior etc. arbiter et arbitrator comuniter electus pariter et assumptus
inter et per spectabiles dominos loci Castrinovi, vicarie dicte civitatis
Nicie parte una et probos homines eiusdem loci Castrinovi parte altera,
super omnibus debatis, rancoribus et controversiis ac differentiis inter
ipsas partes existentibus et vertentibus, seu que existere aut verti possent inter partes predictas ad tollendum littes et dispendia eorundem
partium, que in singulos dies magis atque magis inter sese succedendi
et crescere possent : visa potestate per compromissum inter easdem
partes celebratum, nobis pro qualitate attributa, constantibus instrumentis per publicos et authenticos notarios sumptis, videlicet, tam per
magistrum Victorem Barcherii de Antipoli habitatorem Nicie, quam per
magistrum Andream de Ferrariis de Liburno diocesis Vercellensis in
hac parte scribam et notarium nostrum et huiusmodi causa specialiter
assumptum, habita congrua relatione unius instrumenti dictorum com-
promissorum ad reliquum , sub die mensis et anno in eidem contentis
et prout in ipsis instrumentis latius continetur, ad que congrua relatio
habeatur, visis prorogationibus quampluribus per nos factis iuxta eandem
nostram potestatem pro exuberantiori nostra informatione assummo (2)
meritorum dictorum dominorum et controversie, visis petitionibus tam
parte dictorum spectabilium dominorum quam parte dictorum proborum
hominum ex adverso , tam oretinus quam in scriptis propositis , visis
responsionibus hinc inde factis ad petitiones ante dictas, visa declaratione petitionis dictorum nobilium per capitula particulariter descripta,
visis responsionibus per eosdem homines factis ad singula dictorum capitulorum, visis instrumentis per utramque partium ad verificationem
intentionis cuiuslibet earum productis et maxime notanterque viso in-

---

(1) L'imprimé qui se trouve aux archives contient de notables incorrections; nous ne les
avons pas corrigées, nous limitant seulement à indiquer en note celles plus essentielles.
(2) Prob. *assumpta.*

511

strumento cuiusdam sententie arbitralis per dominum Joannem de Revesto militem legum professorem, magne curie regie magistrum ratio-
nalem, sumpto per magistrum Guiglielmum Chabaudi notarium, anno
Domini millesimo trecentesimo trigesimo nono, die sexta decima mensis
decembris, visis instrumentis pactionum et conventionum ac transa-
ctionum sive sententiarum inter dominos de Turretis et dominos Asper-
montis ac suos homines qui sunt vicini dicti loci Castrinovi, visis instrumentis investiture et infeudationum dictorum dominorum Castrinovi,
viso instrumento partimenti inter dominos predictos Castrinovi de furno
et molendino, etc., viso instrumento venditionis bandite de Revello, visis
capitulis dicte universitatis in quinque petiis pergaminorum productis
parte dicte comunitatis.

Item, visis additionibus capitulorum novissime factis, viso instrumento de venditione unius anni per decennium, que caperentur in territorio dicti loci pro arnexiis emendis, viso quodam instrumento producto
parte eiusdem comunitatis tangente banna hominum de Pilia in territorio predicti loci Castrinovi, viso quodam instrumento venditionis di-
midie molendinorum et paratorium seu iurium ipsorum inter quosdam
ex dominis dicti loci Castrinovi, visis instrumentis quam plurimis ho-
magiorum dictorum hominum Castrinovi mentionem facientibus de sententia predicti domini Joannis de Revesto, viso instrumento ratificationis
dicte sententie dicti domini Johannis parte ipsorum hominum facte nobili Isnardo de Castronovo condomino eiusdem loci de mandatariis servitiis, quistis ademptis, calcatione equarum et de molendo ad molendinum
eiusdem Isnardi et suorum et aliis quam plurimis, recepto per Ugonem
Ambrosii notarium de Nicia, sub anno domini millesimo trecentesimo
decimo septimo(1), die decima octava mensis Martii, visis positionibus
parte dictorum dominorum productis, visa responsione parte dictorum
hominum ad ipsas positiones factas, visa reductione dictarum positionum
ad capitula probatoria parte nobilium productorum, visis deinde capitulis probatoriis productis parte dictorum hominum, visis aliquibus
examinationibus testium pro parte dictorum dominorum receptorum,
habito et participato per sepe ac sepius colloquio cum partibus ante
dictis, tam simul et invicem quam seorsum et divisim et tam in dicto
loco Castrinovi collectis et congregatis dictis partibus et in presentia
advocatorum et procuratorum eorundem, quam etiam in civitate Nicie et
procuratoribus et sollicitatoribus eiusdem cause hinc inde multipliciter
discussis et scrutinatis dubiis ac exceptionibus et oppositionibus circa
derita(2) dictarum dominarum(3), sumptibus propterea per nos informa-

---

(1) Il y a evidemment erreur; cette ratification de la sentence sus-enoncée de l'an 1339
doit peut-être se fixer à l'an 1342.

(2) Locution du bas-latin pour *dirieta, droits.*

(3) Leg. *dictorum dominorum.*

tionibus cum certis dictorum hominum dicti loci de Castronovo et ad partem pro eruenda veritate de his que dicti homines erga dictos dominos facere antiquitus consueverunt, visisque usu ac stilo et consuetudine locorum circumvicinorum, maxime de Turretis et Aspermonte, ut ex instrumentis supranominatis colligitur, ac receptis informationibus quomodo et qualiter homines dictorum locorum circumvicinorum se habent cum dominis eorundem ac de consuetudine patrie; visis instrumentis procuris et mandatorum utriusque partis, visis omnibus et singulis que dicte partes, tam orectinus quam in scriptis et tamen simul quam seorsum ad eorum votum et liberam voluntatem dicere, proponere, allegare atque producere voluerunt, accomodata eisdem per nos audientia toties quoties voluerint, visis renunciationibus tandem a partibus ante dictis de volendo quicquam amplius dicere, proponere, producere, vel allegare, quinimo petentibus super hinc inde deductis et agitatis absque ulteriori dispendio causam huiusmodi premiari et sopiri, visa postea adhuc admonitione per nos eisdem partibus, ex abundantiori deliberatione facta, de producendo omnia et singula iura, informationes et munimenta quibus ipse partes quolibet (1) se se iuvare vellent, visa postremo assignatione ipsis partibus per nos facta ad hanc nostram arbitralem sententiam audiendam presentibus die, loco et hora, visisque ceteris in huiusmodi causa videndis, saltemque (2) ipse partes dicere ac proponere voluerunt super omnibus hinc inde propositis et productis, sufficienti ac matura deliberatione prehabita, potius viam equitatis arbitramentalis quam iustitie rigoris amplectantes, Christi ac gloriosissime eius genitricis Virginis Marie, beatorumque Pontii et Siacrii prius nominibus invocatis, dicimus, pronunciamus, arbitramur et arbitramentamur, cognoscimus et declaramus prout infra.

Et primo, dicimus et pronunciamus, arbitramur et arbitramentamur, quod bona pax et verus amor et bona et sincera charitas et benevolentia de cetero ac deinceps sit et esse debeat ac observetur inter partes predictas.

Item et secundo, quia nobis constat per confessionem dictorum hominum predictos dominos esse dominos predicti loci Castrinovi videlicet unusquisque pro rata sibi spectante et pluris iurisdictionis unius quam alterius, etc., dicimus, arbitramur et arbitramentamur ac declaramus dictos dominos esse dominos immediatos eiusdem loci et territorii, iuxta modum et formam investiturarum et infeudationum eorundem et prout in instrumentis suorum infeudationum et investiturarum continetur.

Item tertio, dicimus, pronunciamus, arbitramur et arbitramentamur, etc. quod dicti homines debeant revereri et assurgere ipsis do-

---

(1) Leg. *quomodolibet.*
(2) Prob. *scilicet que.*

minis tamquam eorum dominis immediatis ut supra, debeantque dicti domini ipsos homines benigniter ac gratiose tractaŗe, prout decet bonos dominos tractare suos probos homines ac subiectos.

Item quarto, dicimus, pronunciamus, arbitramur et arbitramentamur, etc., quod omnia et singula instrumenta exemptionum, franquitatum, immunitatum ac libertatum et alias quocumque ab ipsis dominis seu eorum precessoribus aut eo quovis alio habente potestatem concessorum que iidem homines in universo vel particulari haberent pro personis aut rebus eorundem hominum eisdem hominibus observentur illesa, nec circa ipsa instrumenta de cetero per ipsos dominos vel alterum ipsorum molestia inferatur, sed permittantur ipsi homines in eorum libertatibus et franquitatibus, secundum quod in instrumento predictorum hominum, sive universitatis aut singularum personarum dicti loci Castrinovi conscribit qualitercumque et quocumque, ut premittitur, contineri, ad quorum instrumentorum observantiam dicti domini teneant quotiescumque et quandocumque eisdem dominis vel alteri ipsorum per dictos homines aut alterum eorundem exibebuntur et ipsorum instrumentorum observantia requiritur.

Item quinto, dicimus, arbitramur et arbitramentamur, etc., quod omnia instrumenta obligationum, recognitionum et servitutum ac reddituum, tam pecuniarum quam fructuum que habent et reperirentur habere dicti domini versus dictos homines etiam observentur illesa, exceptis tamen in hac nostra sententia per nos limitatis, modificatis et specifice declaratis.

Item sexto, dicimus, arbitramur et arbitramentamur etc., quod omnia et singula capitula dicti loci, tam vetera quam nova et novissima presertim de voluntate partium confecta et notata per magistrum Victorem Barquerii notarium et baiulum dicti loci Castrinovi observentur etiam illesa ac maneant in sui roboris firmitate ; ita quod deinceps et in perpetuo sine voluntate ipsarum partium tolli, cassari, irritari aut aboliri non possint.

Item septimo, dicimus, arbitramur et arbitramentamur, etc., quod homines dicti loci Castrinovi, seu ibidem vel in eius territorio habitantes, qui obligati sint seu qui consueverunt solvere quistam nuncupatam de denariis, videlicet libras triginta januinorum, que sunt quadraginta quinque libre parvorum, ipsas solvere debeant et teneantur ipsi et successores sui singulis annis et in perpetuum nobili Bone de Solario condomine dicti castri et Joanni Bermondi et (1) condomino eiusdem castri, ac suis deinde successoribus in hunc modum, videlicet quoniam habita informatione de modo antiquitus observato in solvendo dictam quistam et quia ad dictam quistam collective obligati videntur homines ipsi, nec summa seu quantitas ipsius quiste particulata seu distributa

---

(1) La conjonction *et* paraît devoir être supprimée.

videtur, sed ipsi homines, ut premittitur, obligati tanquam unum corpus esse dignoscuntur ; ita et sive plures sive pauci existant ad eam nihilominus quantitatem teneantur, nec distributio ipsa seu particulatio solutionum dicte summe sive quantitatis in preiudicium dominorum fieri debeat, declaramus, quod dicti homines, ut premittitur, obligati ac eorum in posterum successores pro dicta quista et summa integraliter solvenda, teneantur et debeant eligere unum vel duos collectores, qui dictam summam ab ipsis obligatis exigant, qua exacta faciant et facere teneantur obligati predicti et sui deinceps successores singulis annis in festo Sancti Michaelis solutionem integralem et non particularem prefatis dominis et suis in posterum successoribus, sub pena solutionis dupli pluris.

Item octavo, dicimus , pronuntiamus, arbitramur et arbitramentamur, etc. quod non obstante oppositione facta per dominos antedictos, recusantes observare venditionem bandite nuncupate de Revelo, ex eo maxime quod non constat contrahentes circa illius venditionis contractum potestatem habuisse, nec etiam de ratificatione eiusdem, nihilominus premissis non obstantibus, habita informatione tam per confessionem quamplurium ex hominibus dicti loci Castrinovi quia (1) alias de summa et quantitate antiquitus solvi consueta, scilicet pro duodecim libris refortiatorum triginta libre parvorum, ad tollendam omnem dubietatem et impugnationem dicti instrumenti venditionis ipsius bandite, dicti homines dicti loci Castrinovi seu ibidem nunc et in futurum abitantes ac eorum successores debeant et teneantur singulis annis in festo omnium sanctorum pro dicta bandita de Revello solvere omnibus dictis dominis in communi ac eorum successoribus triginta librarum parvorum sine contradictione quacumque. Ita declarantes dictas duodecim libras refortiatorum, inspecta etiam deterioratione monete ab eo tempore citra quo ipse contractus dicte venditionis ipsius bandite fuit celebratus valere triginta libras parvorum nunc currentium, sicque per hanc nostram arbitralem et arbitramentalem sententiam confirmantes et approbantes, validantesque dictum contractum dicte venditionis ipsius bandite (fuit celebratus valere triginta) prout in eodem legitur contineri, stante premissa nostra declaratione de dictis libris refortiatorum; verum quia dicti homines cessasse videntur a solutione dicte bandite pro duobus annis iam flexis in festo proxime preterito Omnium Sanctorum, condemnamus eosdem homines ad dandum et solvendum dominis predictis libras sexaginta parvorum et deinceps singulis annis in dicto festo Omnium Sanctorum pro eadem bandita libras triginta pro se et successores suos ipsis dominis et successoribus suis, sub pena dupli pluris.

Item nono, dicimus , pronunciamus, arbitramur et arbitramentamur, etc., quod licet per eosdem dominos fuerit petitum ut compelli

----

(1) Prob. *quam.*

deberent dicti homines dicti loci ad solvendum tasquas videlicet quindecimam partem omnium fructuum ex seminibus vel aliter exeuntium de dicto territorio de Revello et eorum que dicti homines inde ex dicto territorio, ut premittitur, extraxerunt a duodecim annis citra et deinceps omni anno in futurum perpetuo ordinari debere ad ipsam tasquam, scilicet quindecimam partem predictam, eosdem homines teneri, nihilominus, habita informatione tam per processum et per producta parte dictorum dominorum, quam etiam per confessiones quamplurium ex hominibus dicti loci, insequentes potius equitatem quam rigorem, eisdem hominibus ac eorum paupertati compatientes, licet forte homines predicti pro dicto tempore quo cessarunt solvere dictas tasquas, ad eas integre solvendas pro toto dicto tempore astringi possent, declaramus inquam quod eas solvere tantum teneantur et debeant pro duobus annis proxime finitis in festo Sancti Michaelis proxime preterito, scilicet quindecimam partem antedictam, condemnantes per hanc nostram arbitralem et arbitramentalem sententiam eosdem homines per se et suos successores ad dandum et solvendum dominis predictis ac suis successoribus in communi singulis annis in predicto festo Sancti Michaelis ipsam quindecimam partem omnium fructuum ex seminibus seu aliter exeuntium de dicto territorio de Revello, sub pena dupli, exceptis tamen illis hominibus qui per instrumenta vel aliter legitime responderent et probarent exemptionem sive franquitatem ab ipsis dominis vel ab aliquo ipsorum habuisse vel habere, quas exceptiones et franquitates ipsis hominibus ordinamus observari prout in quarto capitulo huius nostre sententie continetur, ad quod circa hec volumus relationem haberi, absolventes dictos homines ab omni eo quod pro dictis tasquis tempore preterito non solvissent, exceptis duobus annis ante dictis, de quibus supra in presenti capitulo.

Item decimo, dicimus arbitramur et arbitramentamur etc., quod omnia nemora et pascua totius loci predicti Castrinovi et Revelli, excepta dicta bandita de Revello, de qua supra, in octavo capitulo mentio habita est, sint et esse debeant dictorum dominorum; ipsaque nemora et pascua per eosdem dominos et eorum successores vendi possint quibus eisdem dominis quccumque et qualitercumque placuerit, salvo tamen semper usu boscandi et pascendi pro dictis hominibus ac eorum animalibus et successoribus eorumdem et predicto usu predicti domini ipsos homines prohibere non possint nec ullatenus inquietare.

Item undecimo, dicimur, arbitramur et arbitramentamur etc., quod cum de iure ac consuetudine patrie sit terram vacantem seu gastam ad dominos pertinere et dominorum esse, quia homines et singuli dictorum hominum dicti loci Castrinovi, seu ibidem vel eius territorio nunc et in futurum habitantium volentium deinceps seminare in terra vacante seu gasta dicti territorii Castrinovi, excepta tamen dicta bandita de Revello, de qua supra in precedentibus expressum est, solvere teneantur et debeant tasquam omnibus dominis et eorum successoribus in communi, videlicet quindecimam partem fructuum ex seminibus seu aliter exeuntium de dictis terris vacantibus sive gastis, non obstante quod dicti domini peterent ac instarent ad sextam partem solvendam pro dicta tasqua.

Item duodecimo, dicimus, arbitramur et arbitramentamur, etc., quod passagia seu pulveragia animalium extraneorum transeuntium per territorium dicti loci Castrinovi sint et esse debeant dictorum dominorum et suorum successorum, nec in ipsis quispiam acordare possit nisi duntaxat domini predicti seu habentes mandatum ab eisdem; hoc tamen declarantes, quod si et in quantum camparii, qui sunt vel pro tempore essent, assossiarent animalia transeuntia per dictum territorium, predicti domini vel eorum successores teneantur eisdem campariis, ut premittitur, assossiantibus ipsa animalia, dari facere a pastoribus seu conductoribus ipsorum animalium debitam et condignam mercedem, iuxta ipsorum campariorum laborem et prout melius invicem poterit concordari.

Item tredecimo, dicimus, arbitramur et arbitramentamur, etc., quod dicti homines et eorum successores debeant et teneantur excuti et calcare facere messes et blada eorundem cum equabus sive animalibus dominorum predictorum et suorum successorum seu deputandorum ab eisdem de quibus predicti domini teneantur et debeant de premissis provisionem facere singulis annis infra festum Sancte Magdalene, quod si non fecerint, quia nolint vel non possint, tunc et ea causa licitum sit eisdem hominibus et successoribus suis sibi ad libitum pro calcatione seu excusione (1) huiusmodi sibi providere, solvendo tamen dictis dominis id quod pro calcatione et excussione predicta extitit consuetum : declarantes tamen, quod si dicti homines ut supra volent eorum messes ad brachia et cum flagello excutere seu triturare, id eis liceat sine contradictione vel molestia per ipsos dominos dictis hominibus inferenda.

Item quarto decimo, dicimus, arbitramur et arbitramentamur, etc., quod dicti homines dicti loci Castrinovi et successores eorum, cuiuscumque dominii sint, seu habitantes et habitaturi in ipso loco vel territorio, debeant et teneantur quoquere panem suum ad furnum dominorum dicti castri ad quos spectat, quorum interest aut intererit, ac suis inde successoribus, solvendo pro furnagio vigesimam quintam partem, dominis tamen facientibus expensam lignorum; alias vero, si dicti homines facerent lignorum expensas, solvere tantummodo teneantur quinquagesimam partem, et hoc sub pena dupli fornagii applicanda dictis dominis furni ac eorum successoribus, et ultra sub pena quinque solidorum januinorum applicanda dominis cuius esset homo ipse, qui in premissis contrafaceret vel contraveniret.

Item quinto decimo, dicimus, arbitramur et arbitramentamur, etc.,

---

(1) Leg. *excussione.*

quod dicti homines dicti loci Castrinovi et successores eorum, cuiuscumque dominii sint seu habitautes et habitaturi in ipso loco vel territorio sint, teneantur et debeant molere blada ipsorum, cuiuscumque
generis sint, ad molendinum seu molendina nunc nobilis Bone de Solario
et eius deinceps successorum, existentibus dictis molendinis seu molendino in territorio dicti loci Castrinovi et non extra districtum seu iu-
risditionem presentis loci, dum tamen sint sufficentia et apta ad molendum, iuditio expertorum molendinorum de Nicia eligendorum per
iudicem dicti loci Castrinovi, qui nunc est vel qui pro tempore fuerit;
declarantesque, quod si et quando opus fuerit portare mulos (1) ad molendinum vel molendina, de quibus supra, dicti homines et eorum successores molas defferre debeant ac conducere teneantur, facientibus dictis
dominis sumptus victus, etc. solvendo vigesimam partem pro matura-
tione seu macinatura dicti grani, sub pena duplicis moture applicanda
domino cuius erit molendinum et ultra sub pena quinque solidorum
januinorum applicanda domino cui esset homo ille qui contrafaceret;
declarantes propterea quod homines predicti portare debeant suis sumptibus blada eorum ad dictum molendinum et inde reportare farinam,
nec ad id ipsi domini molendinorum teneantur, si nolint.

Item sextodecimo, dicimus, arbitramur et arbitramentamur, etc.,
quod si et quando contingeret per dictos dominos, ut supra, de novo
construi seu fabricari furnum, molendinum, domum vel turrim in dicto
loco Castrinovi vel eius territorio, teneantur et debeant dicti homines
ut supra, cuiuscumque dominii sint, facere unam cororatam cum bestiis
et animalibus eorum, si animalia haberent, vel cum personis eorum, si
animalia non haberent ad singulos dictorum casuum, scilicet nove con-
structionis furni, molendini, domus et turris, ad quamcumque requisitio-
nem dictorum dominorum, qui ad ipsas novas constructiones deveniret.

Item aliam corroatam, ut supra, si furnus, molendinum, domus vel
turris constructa vel construenda aliqua notabili reparatione indigeret
et in singulis dictorum casuum dictarum reparationum.

Item et aliam corroatam, ut supra, pro curando bedali seu aque-
ductu, nec non pro reclusa dicti molendini seu molendinorum, ut supra;
declarantes tamen, quod dicti domini ipsis hominibus facientibus cororatas predictas, expensas victus illius diei qui dictas cororatas facerent
condecenter facere eisdem hominibus teneantur.

Item decimo septimo, dicimus, arbitramur et arbitramentamur, etc.,
quod homines predicti teneantur eorum dominis et pro eisdem dominis
suis esse fideiussores quotiescumque et quocumque ipsi domini fideius-
sore indigerent, vel per eosdem dominos dicti homines essent requisiti,
relevantibus tamen et servantibus dictis dominis dictos eorum homines
indemnes a predictis fideiussoribus.

---

(1) Leg. *molas.*

Item decimo octavo, dicimus, arbitramur et arbitramentamur, etc.,
quod quicumque dictorum hominum ut supra tenentium meariam, ita
vulgariter nuncupatam, averis extranei in dicto territorio, solvere debeat pro parte extraneo spectante, scilicet pro quolibet trentenario, solidos sedecim parvorum, nisi aliter se conveniat cum dominis antedictis;
declarantes quod avere grossum bovinum vel vachinum extimetur, videlicet unum animal averis grossi pro decem ovibus et duo vituli pro
uno animali averis grossi.

Item decimo nono, dicimus, arbitramur et arbitramentamur, etc.,
quod cum omnes homines dicti loci habentes domum in dicto loco sive
territorio eius comperiamus obstrictos esse ad cororatas faciendas singulis annis, quasdam ad quicquam (1), quasdam uno (2) ad quatuor, ordinamus ad tollendum invidiam et discordiam inter dictos homines quod
dicti homines et successores eorum teneantur, ultra cororatas in aliis capitulis declaratas, dominis suis et eorum successoribus facere singulis
annis tantummodo quatuor cororatas congruis temporibus, videlicet tempore fenium, quecumque (3) habent vel habebunt boves cum uno pari
buum tantum, vel cum uno bove qui plures non habent vel non habebunt, seu in futurum non haberent.

Item, tempore vindemiarum ad portandum fructus uvarum dominorum suorum de vineis eorundem dominorum cum propria et animali
cuilibet dictorum hominum, si animalia de carrigo sive de basto habeant vel in futurum habebunt et hoc ad domum habitationis cuiuslibet
domini sui et heredum ac successorum suorum in dicto loco de Castronovo et ipsius territorio tantum et non alibi; qui vero non habent vel
non haberent seu non habebunt animalia de carrigo sive basto, facere
teneantur et debeant dictis eorum dominis ac successoribus suis, singulis annis, dictas quatuor cororatas sive iornalia de sua persona,
videlicet temporibus quibus dicti eorum domini et successores sui eligent, seu per eos vel eorum baiulos vel nuncios requirentur et sic omnes
et singuli homines predicti et successores eorum singula singulis congrue refferendo singulis annis compleant et perficiant dictas quatuor
corroratas, tam cum bobus temporum seminum quam cum animalibus
et propria temporum vindemiarum, ac reliquas ceteris congruis temporibus, secundum electionem dictorum dominorum et suorum successorum usque ad complementum dictorum cororarum (4) per dictos homines, ut premittitur, in singulis annis fiendarum, exceptis tamen franquis
et exemptis, iuxta tenorem quarti capituli; declaratur tamen quod dicti
domini dictis eorum hominibus, ut supra, cum dictas cororatas facient,
debeant eisdem sumptus victus facere condecenter.

(1) Prob. *quinque.*
(2) Prob. *vero.*
(3) Prob. *quicumque.*
(4) Leg. *cororatarum.*

519

Item vigesimo, dicimus, arbitramur et arbitramentamur, etc., quod
ultra premissa quicumque dictorum hominum debeant et teneantur in
vigilia nativitatis Domini, singulis annis videlicet, portare dominis suis
seu quilibet domino suo unam salmam lignorum vel habentes animalia
vel qui in futurum habebunt et hoc ad domum habitationum eorundem
dominorum in dicto loco Castrinovi vel eius territorio tantum et non
alibi, licet in Nicia forte alios tenerentur; non habentes vero vel qui
in futurum non haberent animalia pro dictis lignis conducendis, teneantur et debeant dicta ligna scindere et boscare et de hinc cum
animalibus aliorum ea ligna conducere ad domos predictorum dominorum, ut supra extitit declaratum : declarantes quoque, quod dicti
domini victum condecenter subministrare et impendere teneantur predictis eorum hominibus, quando in premissis vacabunt seu intendent.

Item vigesimo primo, dicimus, arbitramur et arbitramentamur, etc.,
quod quotiescumque et quicumque contingerit seu in futurum continget
homines predictos vendere vel alienare seu alias destrahere aliqua bona
immobilia, teneant et debeant ipsi homines et sui in posteris successores dictis dominis et eorum successoribus videlicet quilibet trezenare
domino suo pro dicta re immobili que contingeret alienari, nisi tamen
talis possessio alicui alteri ex condominis de servitio, laudimio vel trezeno essent obnoxia, declarantes tamen quod adveniente dicta causa
trezenandi, dominis dicti sui vendentis vel alienantis rem ipsam immo-
bilem retinere possit pro minori pretio quinque solidorum parvorum
quam essent unum pretium ipsius rei, omni fraude et dolo remotis; in
ceteris remanentibus ipsis hominibus obligatis dominis suis predictis pro
premissis in presenti capitulo contentis ad ea que de iure tenerentur.

Item vigesimo secundo, dicimus, arbitramur et arbitramentamur, etc.,
quod dicti homines ut supra teneantur et debeant quotiescumque et quicumque per eorum dominos predictos erunt vel fuerint requisiti ipsos
eorum dominos assossiare et concomitare per totam patriam Provincie
vel pro una die, tamen sine ulla mercede vel expensa per ipsos dominos
erroganda sive impendenda ipsis hominibus ita eorum dominos conco-
mitantibus, nisi pro victu condecenti, scilicet pro eundo ex dicta dieta
et inde postea redeundo; quod si dicti domini vellent ultra per dictos
eorum homines assossiare diutius, teneantur et debeant ipsi domini,
ultra expensas victus, dare dicto sic concomitanti mercedem, videlicet
duos albos sive decem patacos pro singula die qua concomitaretur
ipsum dominum secum et ultra non teneantur ipsi domini cum causam
evenerit, nisi pro eorum liberalitate amplius dare vellent.

Item vigesimo tertio, dicimus, arbitramur et arbitramentamur, etc.,
quod dicti homines ac eorum successores teneantur et sint adstricti ad
dominis solvendum adempta, ita vulgo dictum, seu subsidium dominis
suis in casibus quinque generalibus ex consuetudine pura, pro filiabus
maritandis; item pro militia vel huiusmodi dignitate seu gradu con-
sequendis; item pro redemptione a captivitate; item pro emptione

castri vel alia notabili acquisitione in notabili pretio ; item pro peregrinatione ad sepulchrum sacrosanctum Dominicum et ultra maritimum, vel pro huiusmodi similibus, videlicet pro unoquoque dictorum casuum evenientium solidos sex coronatorum, sive quindecim parvorum pro quolibet foco seu foculari et tota pecunia omnium focorum colligatur et dividatur inter ipsos homines divites et pauperes ad solidum et libram, ita quod ille qui plus habebit plus solvat et hoc ad solvendum omnem dubietatem, licet aliqui forte noscerentur esse in predictis casibus ad arbitrium et ad mercedem.

Item vigesimo quarto, dicimus, arbitramur et arbitramentamur, etc., quod omnes predicti homines presentes et futuri habentes et nutrientes, seu qui habebunt et nutrient, vivere in dicto loco Castrinovi seu eius pertinentiis teneantur et sint obstricti ac obnoxii dare dominis suis et eorum successoribus, annis singulis in perpetuum , de mense mai, totum caseum, fructum seu germina lactis unius diei totius averi.

Item vigesimo quinto, circa materiam venationum dicti territorii Castrinovi, etc., quia per instrumentum nobis constat de venditione venationis unius anni et hoc pro arnexiis et armis emendis ac id de voluntate dominorum processisse, nec aliter constat ipsos homines et communitatem habere ius et facultatem dictas venationes vendendi, dicimus, arbitramur et arbitramentamur, etc., eas venationes esse dominorum predictorum ac deinceps suorum et ad ipsos tamquam dominos dicti loci Castrinovi et pertinentiarum dictas venationes tantum spectare et pertinere.

Item vigesimo sexto, licet tam per instrumenta quam per confessiones quamplurium ex dictis hominibus loci predicti ac per informationes comperiamus dictos homines teneri et obnoxios esse dictis dominis quamplurimis dominis (1) servitutibus, puta certis mandatariis, scilicet in raubis dictorum dominorum portandis ac arnexiis et suppellectilibus ad civitatem Nicie et ad locum officiorum ad que dictos dominos contingeret promoveri.

Item in literis defferendis et ambaxiatis faciendis per dictos homines pro dominis antedictis infra districtum senescalie, etc.

Item in blado dictorum dominorum quod esset in territorio dicti loci Castrinovi ac liguibus ipsorum portandis per dictos homines de areis dictorum dominorum et reponendis infra domos et orrea eorundem.

Item in bladis cuiuscumque generis dictorum dominorum portandis per dictos homines ad molendinum, reportandis ab ipso molendino cum animalibus ipsorum hominum ad domum predictorum dominorum quoties forent requisiti. Item in aportandis lignis in civitate Nicie electione predictorum dominorum singulis annis in festo nativitatis Domini per ipsos homines cum eorum animalibus.

----

(1) Peut-être *dominicis.*

Item in cororata ad conducendum blada cuiuscumque generis dictorum dominorum de dicto loco Castrinovi per dictos homines ad civitatem Nicie, si domini ea ibidem vendere vel donare vellent et cum animalibus ipsorum hominum.

Item in prestationibus gambe porci cuiuslibet qui occideretur per homines dicti loci singulis annis.

Item in salmatis lignorum per dictos homines conducentibus cum eorum animalibus in puerperio dominarum consorcium ipsorum dominorum, etc.

Item in pullis de singulis coaguis galinarum dandis singulis annis per ipsos homines dominis ante dictis.

Item in cortaleto (1) vini dando per ipsos homines de vinea vel vineis eorum existentibus in dicto territorio Castrinovi singulis annis ipsis dominis quomodo (2) idipsum vinum habere vellent, etc. de et in ceteris his similibus exceptis supra et infra specificatis, dicimus, pronunciamus ac arbitrando et arbitramentando absolvimus et liberamus dictos homines et successores eorum a predictis omnibus et singulis in presenti capitulo descriptis et denotatis ; salvo tamen, quod pro compensatione omnium predictorum ordinamus ac pronunciamus ac arbitramur et arbitramentamur, quod dicti homines et sui in posterum successores scilicet pro qualibet domo in qua fiat focus, teneantur et debeant singulis annis predictis dominis et successoribus suis solvere in festo Sancti Michaelis cuiuslibet anni grossum unum Janue valentem tres solidos parvorum, sub pena dupli pluris committenda toties quoties contrafactum fuerit in non solvendo et ipsis dominis applicanda ; nec ad alia pro premissis in presenti capitulo specifficatis dicti homines teneantur.

Item vigesimo septimo, dicimus, arbitramur et arbitramentamur, quod omnes libertates, franchisie et exceptiones alias concesse per dominos dicti castri Carlanis (3) et eorum liberis, eisdem observentur secundum tenorem instrumentorum quos ipsi Carlani habent aut reperientur habere et idem de quibuscumque aliis hominibus habentibus instrumenta libertatum aut exceptionum et franquitatum, ut ea eisdem serventur illesa secundum quod in quarto capitulo superius est expressum.

Item vigesimo octavo, dicimus, arbitramus et arbitramentamur, etc., quod deinceps pro bono et laudabili statu dicti loci Castrinovi singulis annis eligantur per dictos homines in eorum consilio dicti loci Castrinovi sindici, arbitri et camparii (4), presentibus dominis seu altero ipsorum aut aliquo a predictis dominis deputando, in quo quidem consilio sint concordes saltem major (5) et seniores ipsius concilii ac per voces singu-

---

(1) *Cortalum*, soit *costalum*, de l'espagnol *costal*, sac.
(2) Prob. *quando*,
(3) Prob. *Caslani*, hommes libres.
(4) En dialecte moderne *campiés*.
(5) Prob. *maiores* ou *maior pars*.

lorum evocatis singulis capitibus domorum qui ad ipsam electionem voluerint interesse, decernentes aliter ipsam electionem nullam ac nullius valoris pariter nec moniti.

Item vigesimo nono, dicimus, arbitramur et arbitramentamur, etc., quod in eligendis campariis et arbitris pro bono et pacifico statu dictarum partium, prediciti domini uno anno nominent novem, de quibus homines, predicti in dicto consilio eligant et acceptent tres ex illis novem sic nominatis quos voluerint dicti homines et alio anno dicti homines nominent etiam novem, ex quibus dicti domini eligant et acceptent tres; ita de duobus annis in duos annos semper et in perpetuo deinceps procedendo ad premissas notationes (1) et electiones et premissa tamen fiant secundum brevia dominorum ad quos spectabunt.

Item trigesimo, dicimus, arbitramur et arbitramentamur, etc., quod quecumque banna campestria committenda et que deinceps in territorio dicti loci ac pertinentiarum committi contigerit sint ipsorum dominorum et suorum successorum, qui tum (2) domini pro labore et mercede campariorum teneantur et debeant ipsis campariis dare et tradere dimidiam partem ipsorum bannorum tantum, que dicti camparii invenient et ipsos reperire continget et non aliter.

Item trigesimo primo, dicimus, arbitramur et arbitramentamur, etc., quod proclamata precepta, prohibitiones et alia huiusmodi ac iustitie spectent et pertineant ad ipsos dominos et adversus homines dicti loci Castrinovi, seu ibidem et in eius territorio habentes, non excedendo tamen modum suarum investiturarum et infeudationum.

Item trigesimo secundo, dicimus arbitrando et arbitramentando, quod absolvimus utraque partium ab omnibus aliis hinc inde petitis et requisitis; item et ab expensis in causa huiusmodi factis, nec non a penis quas forte maxime dicti homines incurrissent aut quovismodo commisissent pro cessatione solutionum et prestationum fiendorum per homines ante dictos, exceptis tamen et reservatis in precedentibus superius specifice denotatis et descriptis.

Item trigesimo tertio, reservamus nobis, per hanc nostram arbitralem et arbitramentalem sententiam, facultatem et potestatem iterum compromissum in nos factum semel ac pluries prorogandi iuxta potestatem nobis attributam, ac omnia et singula declarandi, interpretandi et limitandi ac modificandi et, si quid desit, iterum cognoscere et terminare.

Item trigesimo quarto, dicimus, arbitramur et arbitramentamur, etc., quod presens hec nostra arbitralis ac arbitramentalis sententia statim presentibus auditis et visis per ambas partes, sine quovis longo intervallo ratificetur ac omnino ratificari debeat, sub pena in compromisso

---

(1) Leg. *vocationes.*
(2) Leg. *tamen.*

523

contenta, sumpto et recepto per Paulum Ambrosii notarium, etc. sub anno millesimo tricentesimo quadragesimo, die decimo mensis januarii, viso instrumento recognitionis per quamplures dictorum hominum facte.

Anno Domini millesimo (1) quadragesimo tertio, sexta inditione cum eodem anno sumpta, die vero decimo mensis decembris, in Castronovo, acta fuere in domo nobilis Petri Blacasii de Castronovo, presentibus nobilibus et ingeniosis viris videlicet venerabili domino Petro Isnardi vicario Castrinovi, magistro Millano Constantini notario secretarioque spectabilis domini iudicis maioris Niciensis, etc. arbitris et arbitratoris ut supra, magistro Girardo Viani habitatore civitatis Nicie et Antonio Papini (2) loci de Contes, testibus notis, vocatis et rogatis, ac mei notarii subscripti presentia, lecta, lata et promulgata fuit arbitralis et arbitramentalis sententia per spectabilem legum doctorem dominum Mercurinum de Ranso, de Vercellis, iudicem in patria Provincie maiorem, etc arbitrum et arbitratorem ac amicabilem compositorem : presentibus nobilibus et condominis Castrinovi, videlicet Joanneto de Grimaldis, Joanne Bermondi, Bartholomeo Barralis et Petro Blaquasii, predictam arbitralem et arbitramentalem sententiam omologantibus et approbantibus, petentes de predictis fieri unum publicum instrumentum per me notarium subscriptum, ac presentibus providis viris de loco Castrinovi istis, videlicet Bertrando Grinda et Antonio Bermondo alias Baudrani filio Joannis, sindicis universitatis Castrinovi ac Petro Bertrandi alias Rebroini, Antonio Ardisoni filio quondam Joannis, Jacobo Garini, Moneto Grinde iuniore, Moneto Grinde seniore, Joanne Mari, Jacobo Bermondi, Jacobo Rainaudi alias Scoti, Petro Moterii, Antonio Cottoni, Laurentio Lotrandi, Arnulfo Jauceriani, Antonio Bermondi filio quondam Antonii, Bartholomeo Verani, Jacobo Millani, Jaufredo Lombardi alias Nigri, Antonio Vesole habitatore Castrinovi et Isnardo Grinde, pro quibus paulo post promulgationem arbitralis et arbitramentalis sententie, nomine dictorum hominum magister Milanus Constantini petiit ac requisivit dillationem competentem sibi dari, ut dicti homines deliberare possent an predictam sententiam ratificare et approbare debeant videlicet ne. Quibus auditis prefatus dominus iudex maior, arbiter et arbitrator ut supra, usque ad diem primum mensis januarii proximi anni venturi terminum assignavit et concessit, presentibus nobilibus et condominis suprascriptis, protestantibus de pena in compromisso contenta contra istos homines ad ordinationem seu assignationem dicti termini, consentientes, imo protestantes ut supra, et petentes fieri publicum instrumentum per me Andream Ferrarium notarium publicum infrascriptum.

Et ego Andreas Ferrarius de Liburno, publicus imperiali auctoritate notarius scribaque ac nuncius in hac parte electus et assumptus

---

(1) Il manque ici le mot *quadringentesimo*.
(2) Prob. *Antoine Papachini,* qui vivait à cette époque.

ut supra, subsignatum instrumentum arbitramentalis sententie rogatus recepi, propria manu mea scripsi, ipsumque in duobus pergamenis, quarum linea ultima pargameni propria finit *teneatur* et propria linea secundi pergameni incipit *quoque*, in hanc publicam formam redegi ac subscripsi, cum soliti signi mei tabellionatus quo ceteris utor instrumentis appositione, in fidem et testimonium omnium et singulorum premissorum

Andreas Ferrarius, not.

Estratto dal proprio originale autentico in pergamena. descritto per mano aliena salva correttione.

VII.

Inféodation d'une partie de Châteauneuf aux Grimaldi-Solaro.

1453, 3 juin. — *Infeudatio Antonii de Grimaldis.* — Ludovicus dux Sabaudie, etc. Universis facimus manifestum, quod cum dilectus fidelis scutiffer noster Antonius de Grimaldis, filius dilecti fidelis consiliarii nostri Johannis de Grimaldis, civis civitatis nostre Nicie, nobis exposuerit sicut ipse Antonius et Bona de Solario eius uxor habebant, tenebant et possidebant, habent, tenent et possident pleno iure et in feudum nobile, ligium ac sub homagio et fidelitate nobilibus et ligiis nobis propterea debitis, certam partem Castrinovi, Niciensis districtus et vicarie, cum mero mixtoque imperio et omnimoda iurisdictione eiusdem sue partis, relique vero quote sive partes dicti castri, cum bassa iurisdictione dumtaxat, certis aliis singularibus personis pertinebant, ita quod merum mixtumque imperium et alta iurisdictio in ipsis reliquis partibus et quotis ad nos spectant, illaque ibidem percipere et exercere consueverimus semper; ex quibus tamen mero mixtoque imperio et omnimoda iurisdictione tenuissima nobis seu fisco nostro proveniebant commoda et propterea supplicaverit ipse Antonius ut huiusmodi merum et mixtum imperium et omnimodam iurisdictionem que in eodem loco Castrinovi habemus et nobis spectant, sibi in feudum nobile et ligium ac sub homagio et fidelitate nobilibus et ligiis tradere et in perpetuum remittere et transferre vellemus paratum se offerre erga nos facere et prestare que per eum facienda et prestanda venirent. Hinc fuit et est quod nos, huiusmodi ipsius Antonii supplicationi favore benivolo, bonisque respectibus inclinati et presertim de valore annuo et pro semel huiusmodi meri mixtique imperii et omnimode iurisdictionis, tam per rescriptionem gubernatoris et receptoris nostrorum Nycie, cuius nec non supplicationis predicte et litterarum nostrarum copia presentibus est annexa , quam

alias de omuibus fideli relatu informati: consideratis etiam nonnullis
laudabilibus et gratis servitiis per dictum Antonium scutiferum nostrum
nobis hactenus impensis et que dietim impendere non desinit, aliisque
bonis moti respectibus et causis, ex nostra certa scientia et proposito de-
liberato, pro nobisque et nostris heredibus et successoribus universis
prefato Antonio de Grimaldis scutifero nostro presenti, ac pro se et suis
heredibus et successoribus universis utriusque sexus stipulanti et solem-
niter recipienti, harum serie infeudamus ac in feudum nobile, ligium,
antiquum, avitum et paternum, ac sub homagio et fidelitate nobilibus
et ligiis nobis per eos prestandis damus, donamus, cedimusque et con-
cedimus imperpetuum, tradimus, transferrimus totaliter et quittamus eis
modo et forma quibus melius et securius ad ipsius Antonii et suorum
predictorum utilitatem fieri et exprimi potest, videlicet supradicta merum
mixtumque imperium et iurisdictionem omnimodam, cum pertinentiis eorundem universis et singulis et iuribus quibuscumque, que et quas habemus, tenemus, exercemus et possidemus et habere, tenere, exercere et
possidere consuevimus et ad nos spectant et pertinent quovis titulo, ratione sive causa, in et super castro, villa, districtu, mandamento et pertinentiis predicti loci de Castronovo, omnibusque et singulis hominibus
dicti castri incolis, advenis, utriusque sexus, modernis et posteris, ubili-
bet infra dictum Castrumnovum limites et districtum ipsius Castrinovi
quomodolibet delinquentibus vel quasi et ex variis causarum sive nego-
tiorum figuris contrahentibus vel quasi, una cum huiusmodi meri mixtique imperii et omnimode iurisdictionis exercitiis, iuribusque, prerogati-
vis, honoribus, preheminentiis, emolumentis et commoditatibus universis,
tam ordinariis quam extraordinariis cumque plena et libera facultate et
potestate ibidem iudicem, castellanum, baiulum et alios officiarios ad
huiusmodi meri mixtique imperii et omnimode iurisdictionis exercitium
ponendi, constituendi et aufferendi et loco ipsorum alium seu alios pro
voluntate de novo constituendi, prout sibi videbitur nec non erigendi,
construendi, plautandi et manutenendi furchas, plotos, pilonos et alia
patibula et suppliciorum instrumenta, ad executionem huiusmodi meri
mixtique imperii et omnimode iurisdictionis cum pertinentiis necessaria
pariter et opportuna et alias in premissis et circa premissa, per nos ut
supra infeudata, faciendi et disponendi, prout et quemadmodum ante infeudationem predictam nos facere et disponere poteramus, ad habendum,
tenendum, utendum, fruendum, gaudendum et perpetue possidendum
huiusmodi merum mixtumque imperium et omnimodam iurisdictionem
cum pertinentiis eorumdem universis et singulis per dictum Antonium
et suos predictos et quidquid sibi et suis predictis deinceps in perpetuum placuerit faciendum. Salvis tamen ac nobis et nostris in premissis
reservatis iuribus feudi, fidelitatis, homagii, directi dominii, superioritatis et ressorti, ac aliis iuribus nostris, cum alterius ratione; ita etiam
quod appellationes, de quibus in dictis annexis supplicatione, litterisque
nostris et rescriptione mentio habeatur via ordinaria et prout ante in-

feudationem presentem fieri erat assuetum devolvantur. De quibus siquidem mero mixtoque imperio et omnimoda iurisdictione cum pertinentiis per nos ut supra infeudatis et remissis nos devestimus, ipsumque Antonium, ut supra stipulantem, concessione presentium totaliter investimus et in possessionem corporalem vel quasi ponimus et inducimus per presentes; nihil alterius juris, partis, proprietatis, dominii, usagii aut alterius reclamationis in predictis, meroque, mixto imperio et omnimoda juridictione cum pertinentiis per nos ut supra infeudatis, preterquam supra per nos reservata retinendo, sed ea omnia in ipsum Antonium et suos predictos totaliter transferendo, ipsumque Antonium et suos in locum nostrum ponendo. Premissa autem sic egimus et concessimus, tam liberaliter et de gratia speciali et ipsius Antonii virtutum et servitiorum consideratione, quam etiam et pro mediantibus tercentum et sexaginta ducatis auri per ipsum Antonium pro nobis nostroque nomine ac de nostro expresso mandato, prout in annexa supplicatione mentio fit, nonnullis et diversis personis quibus tenebamur, quas hic volumus haberi pro sufficienter expressis hactenus solutis, traditis et numeratis, prout ad plenum et veraciter sumus informati et de quibus tercentum et sexaginta ducatis, sic per nos ab eodem Antonio habitis et suos predictos solvimus et quittamus, cum pacto etiam de quidquam ulterius ab eisdem propterea non petendo, promittens propterea pro nobis et nostris, bona fide et in verbo principis et sub nostrorum omnium bonorum expressa obligatione et ypotheca, huiusmodi meri mixtique imperii et omnimoda juridictione infeudationem, aliaque omnia et singula in iis litteris nostris contenta perpetuo rata habere, in nulloque contrafacere quomodolibet vel venire, quin ymo ipsa per nos ut supra infeudata eidem Antonio de Grimaldis et suis predictis perpetuo manu tenere et deffendere ab omnibus et contra omnes in iudicio et extra nostris propriis sumptibus et expensis, onus et evictionis periculum in nos et nostros totaliter assumendo, sub omni etiam alia solemnitate jurisque et facti renunciatione ad hec necessaria pariter et cautela. Mandantes hoc ideo gubernatori, judici majori et receptori Nycie et ceteris officiariis nostris ad quos spectabit, modernis et posteris, tam mediate quam immediate submissis ipsorumque locatenentibus et cuilibet eorundem, quatenus huiusmodi infeudationem et litteras nostras eidem Antonio scutifero nostro et suis predictis teneant perpetuo, attendant et observent ac per quoscumque teneri perpetuo, attendi et observari faciant illesas, in nulloque contraveniant quomodolibet vel opponant, quin ymo ipsum Antonium in possessionem realem et actualem huiusmodi meri mixtique imperii et omnimode jurisdictionis et pertinentiis per nos ut supra in feudum traditorum ponant et inducant, positumque manuteneant, teneantur et deffendant, constituentes nos ea omnia ut supra infeudata tenere precario nomine et possidere donec et quousque de ipsis realem et actualem possessionem seu quasi fuerint assequuti; quam apprehendendi et sibi retinendi omnimodam per

527

presentes conferimus potestatem et mandatum speciale; mandantes insuper et attentius precipientes omnibus et singulis hominibus et incolis dicti Castrinovi presentibus et futuris et ceteris ibidem contrahentibus vel quasi delinquentibus vel quasi etiam advenis, quatenus eidem in omnibus et per omnia tamquam habenti in eis merum mixtumque imperium et omnimodam jurisdictionem obediant, pareant efficaciter et intendant et maxime dictis hominibus et incolis loci predicti, quod eidem Antonio et suis predictis huiusmodi merum mixtumque imperium et omnimodam jurisdictionem, quam primum per ipsum fuerint requisiti aut alter ipsorum requisitus, recognoscant et intendant, prout et quemadmodum pro huiusmodi mero mixtoque imperio et omnimoda jurisdictione erga nos faciebant et facere tenebantur ante infeudationem presentem. Nos enim ipsis recognitionibus, sic per ipsos homines et incolas prestitis, illos proinde solvimus et quittamus etiam cum pacto expresso de quidquam ulterius ab eisdem propterea non petendo; dantes insuper in mandatis presidenti et magistris camere computorum nostrorum, quod si forte huiusmodi merum mixtumque imperium, et omnimoda jurisdictio per nos ut supra in feudum tradita in demanio et computis nostris reperiantur incorporata, illa detrahant et decorporent, que et nos detrahimus et decorporamus per presentes et alias huiusmodi infeudationem et litteras nostras eidem Antonio de Grimaldis et suis predictis teneant et perpetuo observent, nonobstantibus etiam regulis, et constitutionibus ipsius camere computorum et aliis forte in contrarium edictis, quibus quo ad hec ex eadem nostra certa scientia derogamus expresse et derogatum esse volumus. Datum Gebennis die tertia junii, anno Domini millesimo quatercentesimo quinquagesimo tertio per dominum presentibus dominis Cancellario Petro de Balma (1).

VIII.

Répartition du fief au XVIII° siècle.

c. 1717. — Riparto della giurisdizione e feudo di Castelnuovo di Nizza che si forma d'ordine dell'Ecc^{ma} Camera, in seguito all'ordinanza con monizione delli (*date en blanc*) sovra le scritture state presentate dalle parti comparse.

Tutta la giurisdizione risulta, dai consegnamenti e investiture,

---

(1) Les autres noms manquent dans cette copie de chancellerie, qui est la seule que nous ayons trouvée.

esser divisa in nove noveni. Detti noveni si vedono fra li consorti di-
stribuiti in punti 72 caduno, sì che detti 9 noveni formano, come sotto,
punti 648.

Lucrezia Marchesani, moglie del fu avv. Pietro
Paolo Gaetano Capello, come discendente dal fu Honorato Roccamaura, punti   63

Detto avv. Capello, come avente ragione dal
signor Marc Antonio Lascaris e questi da Tommaso
e Milano fratelli Constantini, punti   1,57

64,57 . . . 64,57

Clara Lucinges, come discendente dal detto Honorato Roccamaura, punti   63

Camilla Roccamaura, ancora nubile e discendente
come sopra, punti   63

126 126

Maria Grimaldi, come vedova di Luigi Galleani,
per acquisto da detto Honorato Roccamaura in $^{35}/_8$
di noveno, punti   27

Porzione paterna, $^1/_3$ del $^1/_4$ del $^1/_3$ di un noveno,
cioè indivisi con Gerolamo Marcello e Francesco
Galleani, punti   2

29 29

Gerolamo Marcello Galleani per la porzione paterna, cioè di 3 punti dei quali suo padre era investito
e invece di punti 8 che sarebbero $^1/_3$ del $^1/_3$ di un
noveno, punti 6

Francesco Galleano, a luogo del $^1/_3$ del $^1/_3$, punti   2

Lo stesso, come avente causa da Giovanni Andrea
Capello, punti   12

14 14

Eredi Erasmo Galleani, ossia aventi causa dal
medesimo per la porzione paterna; da decidersi però
se questi spettino ai soprannominati Gerolamo Marcello e Francesco cugini di detto Erasmo o le siano
devoluti, punti 2

Cesare Costantino, compresa la parte acquistata
dalla comunità, $^1/_3$ di 2 noveni, e dedotte le alienazioni
a Orazio Tonduti e Giovanni Agostino Peyre fu Paolo,
punti 44,43
529

Orazio Tonduti, come avente causa dal suddetto
Cesare Constantino e detratta la porzione alienata al
signor Giuseppe Francesco Scalier nel 1708, punti 7,59

Giuseppe Francesco Scalier, come avente causa da
Orazio Tonduti, punti 23,32

Giovanni Agostino Peyre, fu Paolo, per acquisto
dal suddetto Cesare Constantino, $^1/_4$ di noveno, punti   18
Acquistato dai Bermondi, punti   9

                        27 27

Agostino Peyre e per esso il signor Onorato suo
figlio e la vedova Verani madre di detto signor Agostino, per acquisto fatto dal sig. Simone Costantino,
cioè $^1/_4$ di $^1/_8$ e $^1/_2$ di un noveno, punti 11,18

Anna Maria Alberti, avente causa dal detto Simone
Costantino o sia da Melchior Opez, punti 11,18

Pietro Antonio Costantino, discendente dal detto
Simone, punti 11,18

Presidente Giovanni Paolo Peyrani, come avente
causa dal detto Simone Costantino, erede di Giacomo Chiabaudo, punti 11,18
Come avente causa dal Mellino e questi da Gaspare
Rossi, punti 6

                        17,18 . . . 17,18

Giacomo Galleano, dedotte tutte le alienazioni,
punti 59,36

Emanuele Filiberto Peyre, avente causa dal detto
Giacomo Galleani, punti 18

Paolo Antonio Giuglaris, avente causa da Gia-
como Galleani, $^1/_9$ di un noveno, punti 8

Francesco Martini, avente causa dalli Bermondi,
punti 6

Renato Martini, id. punti 3

Camillo Martini fu Carlo, id. punti 2,18

Camillo Martini fu Vittorio, id. punti 2,18

Giovanni Ludovico De Giudici, avente causa dalli
detti Martini, punti 4,36

                                          53)

Giovanni Luigi Peyre fu Giovanni Battista, avente causa da Gaspare Rossi e questi da Giovanni Andrea Capello, punti 6

Pietro Marc Antonio Capello, come discendente dal detto Giovanni Andrea e dedotte le parti vendute, 12 a Francesco Galleani e 12 a Gaspare Rossi, punti 60,36

Bartolomeo Constantino, avente causa dalli Bermondi, punti 9

Gerolamo e Giovanni Francesco, avo e nipote Peyre, come aventi causa da Camillo Trucco e questi da Tommaso Morinello, punti 8
Acquistati dalla comunità, punti 48
                                                            56 56

Melchior Vacchiero e tutti gli aventi causa dal medesimo, che sono li signori Masino, De Orestis, Verani, Constantini, Vacchieri, Derossi, Pellegnino, Pietrafuoco, Vergnano, Fuselle e molti altri, punti 8

Controversi con la vedova Grimaldi, punti 6

    Id.   con Marcello Galleano, punti 2

    Id.   con Francesco Galleano, punti 6

    Id.   con li signori avo e nipote Peyre, punti 4

        Totale dei punti di giurisdizione 648

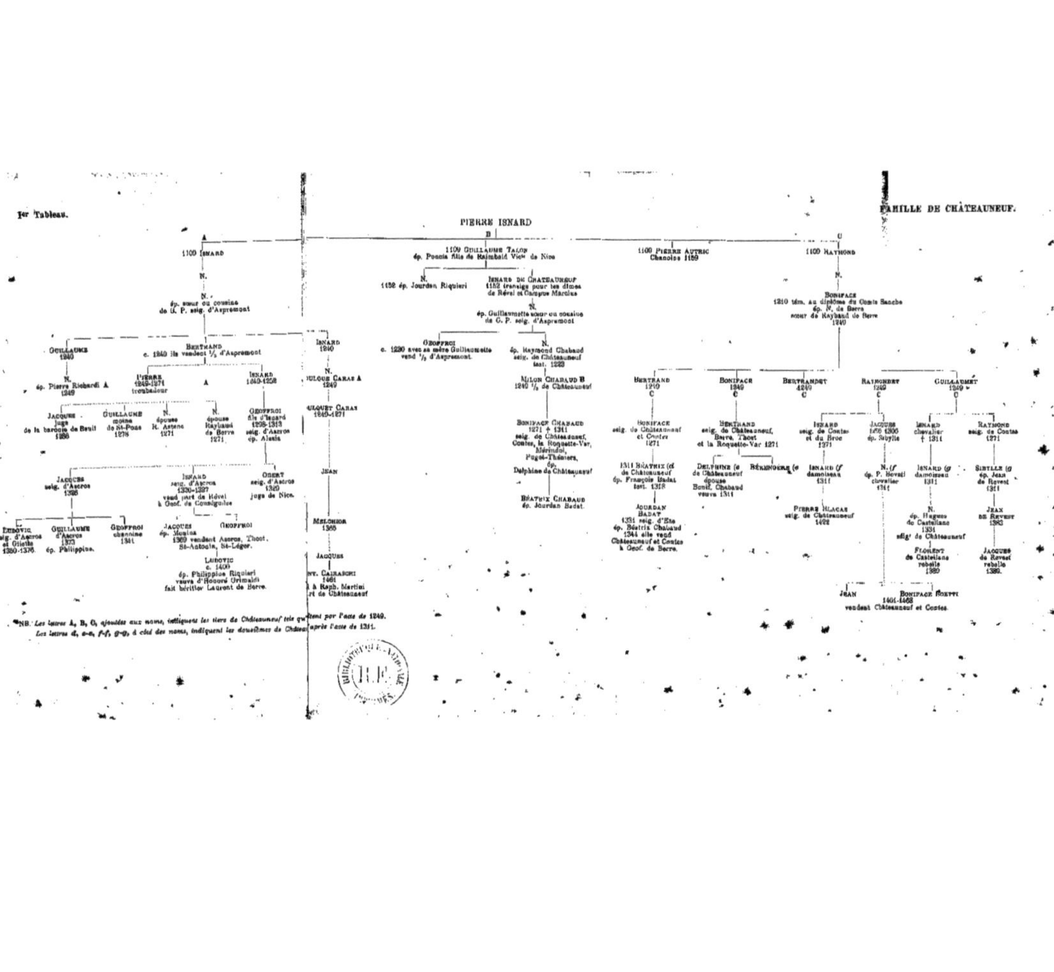

NB. Les lettres A, B, C, ajoutées aux noms, indiquent les tiers de Châteauneuf tels qu'ils tiennent par l'acte de 1249.
Les lettres d, e-e, f-f, g-g, à côté des noms, indiquent les douzièmes de Château, après l'acte de 1311.

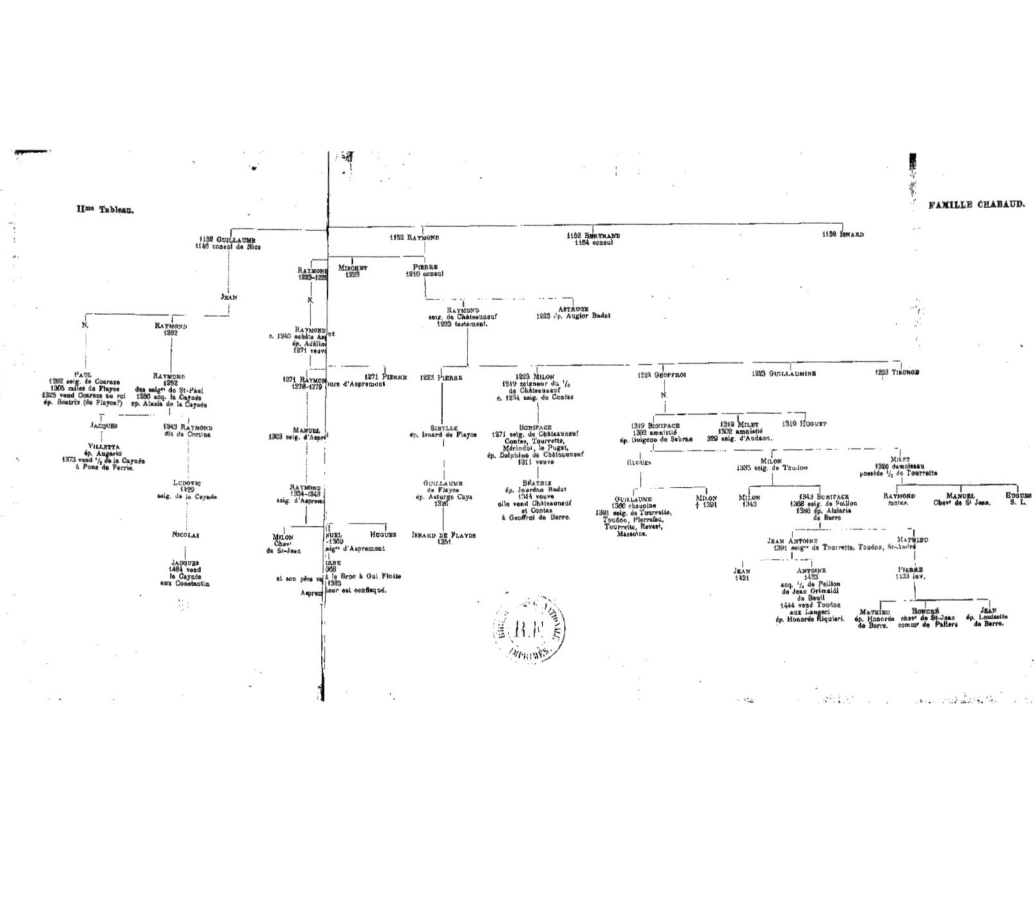

1158 GUILLAUME 1146 consul de Nice
1152 RAYMOND
1152 BERTRAND 1154 consul
1158 ISNARD
JEAN
RAYMOND 1223-1226
MISCHET 1223
PIERRE 1210 consul
RAYMOND seig. de Châteauneuf 1223 testament.
ASTRUGE 1223 ép. Augier Badat
N.
RAYMOND 1282
N.
PAUL 1282 seig. de Couraze 1305 miles de Flayos 1325 vend Couraze au roi ép. Beatrix (de Flayos?)
RAYMOND 1282 des seig. de St-Paul 1286 acq. la Cayada ép. Alaxis de la Cayada
RAYMOND c. 1340 achète Aspremont ép. Adélina 1271 veuve
RAYMOND 1278-1279
1271 PIERRE seigneur d'Aspremont
1223 PIERRE
1223 MILON 1249 seigneur du 1/3 de Châteauneuf c. 1254 seig. de Contes
1223 GEOFFROI
1223 GUILLAUMINE
1223 TIBURGE
JACQUES
1343 RAYMOND dit de Contina
MANUEL 1303 seig. d'Aspr.
SIBYLLE ép. Isnard de Flayos
BONIFACE 1271 seig. de Châteauneuf Contes, Tourrette, Mérindol, le Puget, ép. Delphine de Châteauneuf 1311 veuve
1319 BONIFACE 1303 amnistié ép. Uvigene de Sabran
1319 MILET 1302 amnistié 329 seig. d'Audson.
1319 HUGUET
VILLETTA ép. Augerio 1373 vend 1/2 de la Cayada à Pons de Ferris.
LUDOVIC 1429 seig. de la Cayada
RAYMOND 1324-1343 seig. d'Aspron
GUILLAUME de Flayos ép. Asturge Caya 1386
BÉATRIX ép. Jourdan Badat 1344 veuve elle vend Châteauneuf et Contes à Geoffroi de Berre.
HUGUES
MILON 1335 seig. de Toulon
MILET 1320 damoiseau possède 1/2 de Tourrette
NICOLAS
MILON Chevr de St-Jean
NURL -1369 seigr d'Aspremont
HUGUES
ISNARD DE FLAYOS 1351
GUILLAUME 1381 seig. de Tourrette, Toudon, Pierrefeu, Tourrette, Revest, Massolice.
MILON † 1301
MILON 1343
1343 BONIFACE 1368 seig. de Follon 1380 ép. Alairia de Berre
RAYMOND moine.
MANUEL Chevr de St Jean.
HUGUES S. I.
JACQUES 1484 vend la Cayada aux Constantin
IARE 1368
et son père vend la Broc à Gui Flotte 1385 Asprem seur est confisqué.
JEAN ANTOINE 1391 seigr de Tourrette, Toudon, St-André
MATHIEU
JEAN 1421
ANTOINE 1425 acq. 1/2 de Peillon de Jean Grimaldi de Beuil 1444 vend Toudon aux Laugeri ép. Honorée Riquieri.
PIERRE 1433 inv.
MATHIEU ép. Honorée de Berre.
HONORÉ chevr de St-Jean commr de Pallara
JEAN ép. Louisette de Berre.

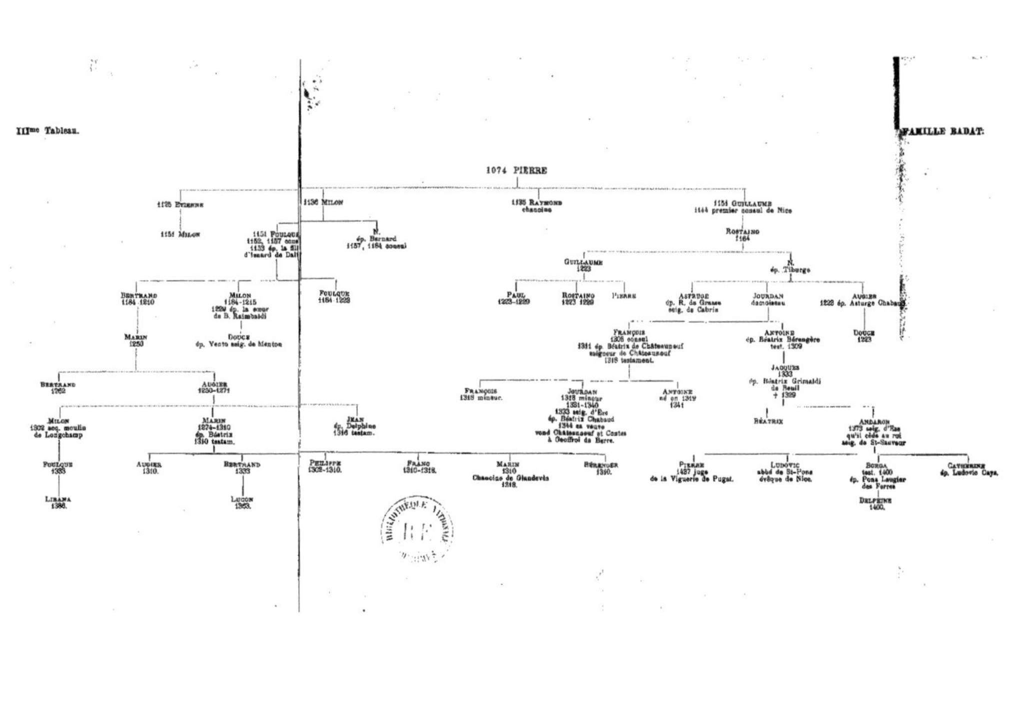

1074 PIERRE

1125 ÉTIENNE
1136 MILON
1135 RAYMOND chanoine
1154 GUILLAUME 1144 premier consul de Nice

1154 MILON
1151 FOULQUE 1152, 1157 cons. 1133 ép. la fil d'Isnard de Dalf
ép. Bernard 1157, 1184 consul
ROSTAING 1164

GUILLAUME 1223
ép. Tiburge

BERTRAND 1184-1210
MILON 1184-1215 1229 ép. la sœur de B. Raimbaldi
FOULQUE 1184-1229
PAUL 1223-1229
ROSTAING 1223-1229
PIERRE
ASTRUGE ép. R. de Grasse seig. de Cabris
JOURDAN damoiseau
AUGIER 1223 ép. Asturge Chabaud
DOUCE 1223

MARIN 1250
DOUCE ép. Vento seig. de Menton
FRANÇOIS 1305 consul 1311 ép. Béatrix de Châteauneuf seigneur de Châteauneuf 1318 testament.
ANTOINE ép. Béatrix Bérengère test. 1309
JACQUES 1333 ép. Béatrix Grimaldi de Beuil † 1329

BERTRAND 1252
AUGIER 1250-1271
FRANÇOIS 1318 mineur.
JOURDAN 1318 mineur 1331-1340 1333 seig. d'Ère ép. Béatrix Chabaud 1344 sa veuve vend Châteauneuf et Contes à Geoffroi de Berre.
ANTOINE né en 1319 1341
BÉATRIX
ANDARON 1373 seig. d'Èze qu'il cède au roi seig. de St-Sauveur

MILON 1302 acq. moulin de Longchamp
MARIN 1274-1310 ép. Béatrix 1310 testam.
JEAN ép. Delphine 1316 testam.

FOULQUE 1333
AUGIER 1310.
BERTRAND 1333
PHILIPPE 1302-1310.
FRANC 1310-1318.
MARIN 1310 Chanoine de Glandevès 1318.
BÉRENGER 1310.
PIERRE 1427 juge de la Viguerie de Pugat.
LUDOVIC abbé de St-Pons évêque de Nice.
BORGA test. 1400 ép. Pons Laugier des Ferres
CATHERINE ép. Ludovic Caya.

LIBANA 1386.
LUCON 1363.
DELPHINE 1400.

1779 Barnabé   ?

4181 MARIX

FERNAND
1841 1810

MARIX
1850

ARNOLD
1830-1852

FERNAND

MARIX
1874-1910
1810 ......

FERNAND

ANDRÉ
1810

DIXON
2000 ..., moulin
de Longchamp

FANNY
1861

LEON
1921

TABLE DES MATIÈRES

DOCUMENTS INÉDITS

TABLEAUX GÉNÉALOGIQUES